소통, 융합, 혁신의 지도자
세종대왕

이야기/교과서/인물 **세종 대왕**

초판 제1쇄 발행일 2015년 11월 25일
초판 제4쇄 발행일 2022년 4월 30일
글 이재승, 이희철, 우종민 그림 이고은
발행인 윤호권 발행처 (주)시공사 주소 서울시 성동구 상원1길 22, 6-8층(우편번호 04779)
대표 전화 02-3486-6877
홈페이지 www.sigongsa.com / www.sigongjunior.com

ⓒ 이재승, 이희철, 우종민, 이고은, 2015

이 책의 출판권은 (주)시공사에 있습니다.
저작권법에 의해 한국 내에서 보호받는 저작물이므로, 무단 전재와 무단 복제를 금합니다.

ISBN 978-89-527-8165-9 74990
ISBN 978-89-527-8164-2 (세트)

홈페이지 회원으로 가입하시면 다양한 혜택이 주어집니다.
잘못 만들어진 책은 구입하신 곳에서 바꾸어 드립니다.

사진 자료 제공 | 77쪽 〈삼강행실도〉, 90쪽 자격루 **국립 중앙 박물관**
79쪽 성삼문 묘 **문화재청** 91쪽 앙부일구, 측우기 **국립 고궁 박물관** | 91쪽 편경 **연합뉴스**
123쪽 〈향약집성방〉, 125쪽 〈농사직설〉, 136쪽 〈석보상절〉, 137쪽 〈월인석보〉 **규장각 한국학 연구원**

KC마크는 이 제품이 공통안전기준에 적합하였음을 의미합니다.
제조국 : 대한민국   사용 연령 : 8세 이상
주의 사항 : 책장에 손이 베이지 않게, 모서리에 다치지 않게 주의하세요.

소통, 융합, 혁신의 지도자
세종 대왕

이재승, 이희철, 우종민 글 | 이고은 그림

작가의 말 … 6
세종 대왕을 찾아가다 … 8

1장 독서를 하며 크는 아이 … 18
역사 한 고개 세종의 아버지, 태종 이방원 … 28

2장 같은 가지에서 피어난 두 꽃 … 30
역사 한 고개 세종의 형제들 … 40

3장 나의 부족함을 알고 노력하다 … 42
역사 한 고개 세종과 4군 6진 … 54

4장 몸과 마음을 다하는 효심 … 56

5장 인재를 보는 눈, 인재를 쓰는 손 … 64
역사 한 고개 집현전과 집현전의 학사들 … 76

6장 집념에 창의성을 더하다 … 80
역사 한 고개 세종 시대의 위대한 발명품들 … 90

7장 조선을 깨우는 스물여덟 자 … 92
역사 한 고개 과학적인 문자, 한글 … 102

8장 허물은 감싸고, 능력은 깨우고 … 104
역사 한 고개 세종의 명재상들 … 112

9장 가난한 백성들의 아픔을 감싸다 … 114
역사 한 고개 세종과 태평성대 … 124

10장 끝까지 책임을 다하다 … 126
역사 한 고개 세종과 불교 … 136

세종 대왕에게 묻다 … 138
세종 대왕이 걸어온 길 … 142

세종 대왕을 만나다

　세종 대왕 하면 무엇이 떠오르나요? 한글을 만드신 분, 측우기, 자격루 같은 것을 만들어 과학을 발전시킨 분, 이런 업적들이 떠오를 거예요. 그렇습니다. 세종 대왕은 이런 업적을 남긴 위대한 왕입니다. 그래서 그냥 왕이 아니라 '대왕'이라고 부르고 있지요.

　세종 대왕은 어떻게 이렇게 훌륭한 왕이 될 수 있었을까요? 어느 날 갑자기 훌륭한 왕이 되지는 않았을 거예요. 어린 시절부터 독서를 참 좋아했다고 하는데, 훗날 나라를 다스릴 때 큰 도움이 되었다고 하지요. 물론 활쏘기 같은 무예는 잘하지 못했다고 합니다. 그러면 세종 대왕도 우리와 같은 어린 시절이 있었을까요? 당연히 있었습니다. 여느 어린이와는 많이 다른 생활을 했겠지만, 보통의 어린이들과 비슷한 모습도 많았습니다.

　이 책은 세종 대왕의 이야기를 담은 책입니다. 하지만 위대한 업적보다는 세종 대왕의 삶에서 오늘날 어린이들이 배울 수 있는 것을 담으려고 했습니다. 그리고 그것을 이야기 형식으로 재미있게 풀어 쓰려고 했습니다. 위대한 왕이 아니라 마치 할아버지가 우리에게 살면서 어떤 생각을 하고 어떤 일을 해야 하는지를 다정하게 들려주는 것처럼 말이지요.

그럼 세종 대왕은 어떤 분이셨을까요? 세종 대왕은 인습에 얽매이지 않고 새로운 것을 만들어 내려는 열정과 창의적 사고를 가진 분이었습니다. 또한 사람을 보는 눈이 탁월하여 신숙주 같은 집현전의 훌륭한 학자들을 배출하였고 노비의 신분이었던 장영실 같은 훌륭한 과학 기술자를 발굴해 키워 내기도 했지요. 어려움에 처한 백성들을 불쌍히 여기고 어떻게든 도와주려는 따뜻한 마음을 가진 분이기도 했습니다.

세종 대왕은 오래전에 살다가 돌아가신 분입니다. 그렇지만 세종 대왕이 남겨 놓은 많은 유산들은 우리의 삶을 되돌아보고 앞으로 어떻게 살아가야 할지 방향을 정하는 데 도움이 될 것입니다.

이야기를 읽다 보면 중간중간에 〈역사 한 고개〉라는 꼭지를 만나게 될 것입니다. 여기에서는 이 책을 이해하는 데 도움이 되는 역사적 사실을 소개하고 있습니다. 세종 대왕을 이해하는 것은 물론, 역사 공부에도 많은 도움이 될 것입니다.

자, 그러면 책장을 한 장 한 장 넘겨 가며 세종 대왕을 만나 볼까요? 세종 대왕께서 우리에게 무엇을 말해 주고 싶어 하는지 귀를 기울여 보길 바랍니다.

이재승, 이희철, 우종민

● 세종 대왕을
  찾아가다

세종 대왕릉(영릉)
조선 4대 왕 세종과
부인 소헌 왕후가
함께 묻힌 곳으로,
조선 최초의 합장릉이다.
경기도 여주군 능서면 영릉로 269-50

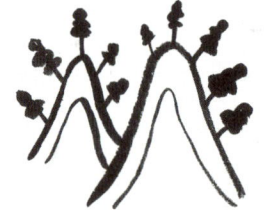

백성을 사랑한 세종의 무덤, 영릉

딩동 댕동. 교실이 순식간에 시끌벅적해졌다. 반 아이들이 모두 환호성을 질렀다. 오늘은 방학식을 하는 날이다.

지안이네 담임선생님은 방학 숙제로 '교과서에 나오는 위대한 인물 찾아보기'를 내 주셨다. 지겨운 문제집을 두 권씩 풀어 가는 것보다는 낫지만, 어려운 숙제인 것은 틀림없었다.

지안이는 동그란 눈동자를 굴리며 어떤 인물을 조사해 볼까 고민했다. 그러다 번뜩 떠오르는 사람이 있었다. 얼마 전 국어 시간에 배운 '다시 찾은 우리 문화유산, 《훈민정음》'이라는 글이 떠오른 것이다. 이거다! 지안이는 방학 숙제로 한글을 만든 세종 대왕에 대해 조사하기로 결심했다.

"지안아, 너 방학 숙제 정했어?"

그때 마침 지안이의 단짝인 현서가 말을 걸어 왔다. 현서의 표정을 보니 아직 누구를 조사할지 정하지 못한 모양이었다.

"응. 나는 세종 대왕으로 하면 어떨까 생각 중이야."

"오오, 그래? 나도 같이할래!"

지안이의 말에 고민하던 현서가 냉큼 동참하면서, 두 아이는 함께 방학 숙제를 하기로 했다.

지안이는 집으로 돌아가자마자 엄마에게 방학 숙제에 대해 한바탕 이야기했다. 세종 대왕을 조사하고 싶고, 현서랑 같이하고 싶다고 말이다.

이야기를 한참 듣고 있던 지안이 엄마가 아이디어를 냈다.

"세종 대왕을 조사하려면 먼저 여주에 있는 세종 대왕릉에 가 보면 어떨까?"

"그럼 현서랑 같이 세종 대왕릉에 가는 거예요? 야호!"

지안이는 생각지도 못한 여행 이야기에 들떠 소리쳤다.

"그래. 내가 현서 엄마에게 전화해 볼게. 같이 상의해 보자."

따르르릉!

조용한 일요일 아침, 지안이네 집에 난데없이 요란하게 자명종이 울렸다. 일요일이면 평소 늦잠을 자던 지안이는 자명종 소리에 번쩍 눈을 떴다. 오늘은 방학 숙제를 하러 세종 대왕릉에 가는 날이다.

"잠꾸러기 우리 딸 벌써 일어났어? 여행이 많이 기대되는 모양이구나."

"오늘 여행은 정말 재미있을 것 같아요."

"그러게. 어제는 흐리더니 오늘은 날씨도 참 좋네. 차 조심하고 현서랑 사이좋게 잘 다녀오렴. 숙제하러 가는 거니까 놀기만 하면 안 돼."

"네, 걱정 마세요. 공부도 많이 하고 재밌게 놀다 올게요."

지안이가 집을 나서니 현서와 현서 엄마가 밝은 얼굴로 지안이를 기다리고 있었다. 현서 엄마가 바쁜 지안이 엄마 대신 두 아이와 함께 세종 대왕릉이 있는 여주에 다녀오기로 했다. 현서 엄마가 차에 오르며 오늘의 여행지에 대해 이야기를 꺼냈다.

세종 대왕과 소헌 왕후의 무덤, 영릉

"오늘은 세종 대왕의 무덤인 영릉에 갈 거야. 혹시 영릉이 어디 있는지 아는 사람 있니?"

"영릉은 여주에 있잖아, 엄마."

"현서가 어릴 때 할아버지 댁에 갔다가 본 것을 기억하는구나."

현서 할아버지는 영릉 가까이 사셨다. 현서는 오랜만에 할아버지를 만날 생각에 들떠 보였다.

현서 엄마가 아이들에게 세종 대왕에 관한 퀴즈를 냈다. 갑자기 차 안이 퀴즈 대회장처럼 변했다.

"그럼 영릉에 같이 묻혀 있는 왕비는 누굴까?"

"현서랑 같은 심씨라고 알고 있었는데…… 이름까지는 모르겠어요."

"지안이가 공부를 많이 해 왔구나. 맞아. 영릉은 세종 대왕과 그 부인인 소헌 왕후 심씨가 함께 묻혀 있는 곳이야."

"그럼 이번에는 내가 내 볼게. 세종 대왕은 조선의 몇 번째 왕이게?"

현서가 쉬운 문제를 냈다.

"정답, 네 번째!!"

간단히 정답을 맞힌 지안이는 자기 차례라며 어제 저녁에 읽었던 세종 위인전에서 적당한 문제를 생각해 냈다.

"세종 대왕의 원래 이름은 무엇일까요?"

"조선의 왕은 모두 이씨였으니 세종 대왕도 이씨일텐데… 이름이 뭘까?"

현서 엄마가 짐짓 모르는 척했다.

"세종 대왕의 이름은 '이도'야."

현서가 자신 있는 목소리로 대답했다.

"호호호, 둘 다 공부 많이 해 왔구나. 이런 걸 유유상종이라고 하는 거지? 비슷한 사람은 끼리끼리 모인다는 뜻이야. 너희들 근데 세종 대왕이 어떤 분인지 알고 있니?"

"학교에서 배워서 조금은 알고 있어요. 훈민정음을 만드시고……."

"맞아, 하지만 대부분의 사람들은 세종의 업적에 대해서만 관심이 있지, 그분이 어떤 생각을 하며 살았는지는 정확히 알지 못해."

그러고 보니 지안이는 지금까지 세종 대왕이 어떤 분이었는지는 생각해 본 적이 없었다.

'나는 그동안 세종 대왕이 막연히 인자하신 분이라고만 생각했어.'

현서 엄마가 계속 말했다.

"세종 대왕이 이룬 업적이 워낙 위대하다 보니까 사람들은 업적에 대해서만 관심이 많아. 하지만 세종 대왕은 업적뿐만 아니라 성품도 훌륭한 분이었단다."

"세종 대왕이 어떤 분인지 정말 궁금해요, 아줌마."

"지안이도 갑자기 궁금해졌나 보구나. 도착하면 현서 할아버지께서 마중 나오실 테니까 조금만 참았다가 궁금한 것을 여쭤 보렴."

세 사람을 태운 자동차는 어느새 회색의 도시를 벗어나 파아란 하늘이 가까워진 길을 시원스레 달리고 있었다.

잠깐 잠에 빠져 있던 현서가 눈을 떠 보니 어느새 여주에 도착해 있었다.

현서 할아버지가 현서와 지안이를 반갑게 맞아 주셨다.

"할아버지! 잘 지내셨어요?"

"그래. 이 녀석, 안 본 사이에 훌쩍 자랐구나."

"얘는 저랑 제일 친한 친구 지안이예요."

"할아버지, 안녕하세요?"

"그래. 반갑구나. 멀리까지 오느라 고생했다. 잘 왔다."

"할아버지 댁이 있는 여주에 세종 대왕이 잠들어 계신 영릉이 있는 거 맞지요?"

"그래 맞다. 이곳 여주에 세종 대왕과 소헌 왕후가 함께 잠들어 있는 영릉이 있지. 엄마한테 들으니 방학 숙제가 있다고?"

"네, 할아버지."

"이 할아비가 현서 숙제를 도와주게 되니 기분이 좋구나. 말이 나온 김에 바로 영릉으로 가 볼까?"

아이들은 할아버지를 따라 세종 대왕릉을 향해 산 쪽으로 걸어갔다. 아름드리 소나무가 가득하고 주변에는 파란 잔디가 펼쳐져 있었다. 한참 걸어가니 저 멀리 웅장한 무덤이 보이고, 빨갛고 커다란 문이 떡하니 버티고 있었다.

문을 보고 궁금한 현서가 물었다.

"할아버지, 저 문은 무슨 문이에요?"

"홍살문이란다. 나라의 위엄을 상징하는 문이지. 조선 왕릉의 입구에는 어느 곳에나 홍살문이 세워져 있단다."

홍살문에 들어가기 전에 조그만 다리가 놓여 있었다. 궁금한 것은 지안이도 많았다.

"할아버지, 이 다리는요?"

"이 다리는 금천교라는 것인데, 우리가 사는 세상과 임금님의 혼령을 만나는 세상을 연결한다는 뜻으로 만들어 놓은 것이란다."

영릉
홍살문과 금천교

14

"그래요? 왠지 으스스한 기분도 드는데요."

할아버지의 설명을 들으며 금천교과 홍살문을 지나니 지안이와 현서는 그야말로 조선 시대에 온 듯한 기분이 들었다. 계속해서 지안이와 현서는 돌길을 따라 세종 대왕릉으로 향했다. 할아버지 말씀에 따르면 왕릉에 나 있는 이 길을 참도라고 하는데, 길의 가운데가 튀어나와 있는 이유는 높은

영릉 참도

곳으로는 영혼(돌아가신 왕)만 다닐 수 있기 때문이라고 했다.

왕릉에 도착한 아이들은 왕릉의 어마어마한 크기에 놀랐다. 세종 대왕의 위엄이 느껴지는 것 같았다. 왕릉 앞에 서 있는 사람 모양의 문인석과 무인석이 마치 자신들을 은근히 바라보는 듯했다.

'저 왕릉 안에 계시는 세종 대왕님은 무슨 생각을 하고 계실까?'

한참 왕릉을 바라보던 지안이는 이런 생각을 하며 천천히 왕릉에서 내려왔다.

지안이와 현서 일행은 영릉의 입구 쪽에 있는 '세종전'이라는 곳에 들르기로 했다. 세종전은 세종의 유물을 전시한 곳으로, 앞뜰에는 혼천의, 자격루 등 세종 시대의 발명품 모형이 전시되어 있었다. 세종 대왕의 업적을 한

영릉의 무인석, 문인석

눈에 볼 수 있는 곳이었다.

"이곳에 와 보니 궁금한 점이 좀 풀렸니?"

할아버지가 아이들에게 물었다.

"조금은요. 하지만 아직도 많이는 모르겠어요. 그분이 어떻게 사셨는지, 지금 우리에게 무엇을 말해 주려고 하시는지 더 알고 싶어졌어요."

지안이는 세종 대왕에 대해 더 알고 싶어 하며 영릉을 떠났다. 과연 후손들에게 무슨 이야기를 하고 싶은지 궁금해하면서.

세종전 앞 세종 시대의 발명품 모형

1장
독서를 하며 크는 아이

"세자는 어디 갔느냐?"

화가 잔뜩 난 태종은 세자의 공부방인 시강원이 쩌렁쩌렁 울리도록 소리쳤다.

"어찌 감히 공부해야 할 시간에 외출을 한단 말이냐? 당장 가서 세자를 찾아오너라."

태종을 가까이에서 모셔야 하는 **지신사** 조말생 대감은 태종의 호통에 식은땀을 흘렸다.

'어쩌시려고 이리도 학업을 게을리하신단 말인가. 참으로 큰 문제로다.'

이때 세자 양녕 대군이 시강원 안으로 들어왔다.

"세자는 어디를 다녀오는고?"

"소자…… 가슴이 답답하여 매사냥을 하고 오는 길이옵니다."

양녕 대군이 머뭇거리며 대답했다.

"허허, 제왕이 되기 위한 준비를 해야 할 중요한 시기에 어찌 한가로이 매사냥을 하고 올 수 있단 말인가? 충녕 대군은 밥을 먹으면서도 책을 읽는다고 하는데 세자는 어찌 동생만도 못하오?"

태종은 세자인 양녕 대군과 동생 충녕 대군을 비교하며 말했다. 동생보다 못한 형이라고 하면 세자의 기분이 나쁠 수도 있지만 그렇게 해서라도 양녕 대군이 공부를 열심히 하기를 바랐기 때문이다.

충녕 대군, 즉 세종은 조선 3대 왕 태종 이방원의 셋째 아들로 1397년 4월 10일에 한양의 준수방(오늘날 서울 효자동 근처)에서 태어났다. 충녕 대군이 태어나고 자랄 당시에 태종과 충녕 대군의 어머니 원경 왕후는 사이가 좋지 않았다. 충녕 대군의 외삼촌이자 원경 왕후의 오빠들인 민무구, 민무질의 반란 음모가 부부 싸움의 불씨가 되었다.

"당신 오빠들이 어찌 이럴 수 있소. 나쁜 짓을 골라서 하는 것 같소."

"아무리 그래도 그렇지 어찌 저의 친오빠들을 귀양 보내실 수 있단 말이옵니까? 이 나라를 세우는 데 큰 공을 세운 분들이 아니옵니까? 저는 너무

지신사
조선 전기에, 왕명을 전달하는 기관인 대언사의 으뜸 벼슬인 정3품 관직. 1401년(태종 1)에 승정원을 대언사로 고치면서 승정원의 으뜸 벼슬인 도승지를 지신사로 고친 것이었는데, 1433년(세종 15)에 다시 도승지로 고쳐 부르게 되었다. 오늘날의 대통령 비서실장 역할을 하였다.

섭섭하옵니다."

"들기 싫소. **태상왕** 전하(태조 이성계)께서 이 나라를 어찌 세우셨는데 당신의 오빠들과 같은 간신들에게 놀아날 수 있단 말이오? 앞으로도 절대 외척(왕비의 친척)들이 정치에 참여하는 일은 없어야 할 것이오."

태종과 원경 왕후가 한창 말다툼을 하고 있던 어느 날, 어린 충녕 대군은 나인들이 가져온 감을 먹으며 부모님 생각을 하고 있었다.

'감이 이렇게 잘 익은 걸 보니 벌써 가을이 왔구나. 혹시 아바마마와 어마마마가 주무시지 않는다면 이 맛있는 감을 드시면 좋을 것 같은데.'

어린 충녕 대군은 곧바로 보자기에 남은 감을 가지런히 올려놓고 조심스럽게 묶었다. 혹시라도 가는 길에 감이 굴러떨어질까 걱정이 되었던 것이다. 부모님의 처소에 다가갈수록 발걸음이 바빠졌.

"이게 무슨 소리지?"

태종과 원경 왕후의 처소 근처에 다다른 충녕 대군은 부모님이 다투시는 소리에 발걸음을 멈추었다. 한겨울 찬바람처럼 날카로운 다툼 소리에 충녕 대군은 차마 부모님을 보지 못하고 발길을 돌렸다.

어린 충녕 대군은 깊은 고민에 빠졌다.

'아바마마와 어마마마께서 심히 다투시는구나. 요즘 부쩍 사이가 안 좋으신 것 같아. 이럴 때는 내가 어찌하면 좋을까?'

어렸지만 생각이 깊었던 충녕 대군은 자신이 글공부를 열심히 하면 부모님께서 더 이상 다투지 않을 것이라고 생각했다. 아버지인 태종은 고려 때 과거에 급제한 적이 있을 정도로 공부하는 것을 좋아했기 때문이다. 충녕 대군은 그런 아버지를 닮았는지 어린 시절부터 공부에 흥미를 보였다. 특히 중국의 역사와 관련된 책을 좋아하여 자주 읽었다.

충녕 대군에게는 다른 사람과는 조금 다른 자신만의 책 읽기 방법이 있었다. 먼저 읽고 싶은 책을 고르고 처음부터 끝까지 천천히 읽었다. 한 번 읽고 나면 어떤 내용인지 대략 알 수 있었지만 충분히 이해하고 실천하기 위해 읽고 또 읽었다.

"**일배지수**(一杯之水)라도 **필분이음**(必分而飮)하고 **일립지식**(一粒之食)이라도 **필분이식**(必分而食)하라."

'일배지수는 한 잔의 물이라는 뜻이고 필분이음은 반드시 나누어 마시라는 뜻이지. 하지만 이 문장이 말하고 싶은 것은 무엇일까? 다시 한번 읽어 보자. 일배지수(一杯之水)라도 필분이음(必分而飮)하고 일립지식(一粒之食)이라도 필분이식(必分而食)하라.'

'상왕'과 '태상왕'
왕이 살아 있으면서 왕위를 다음 왕한테 물려주었을 때 물러난 왕을 '상왕', 상왕의 전왕을 '태상왕'이라고 한다.

일배지수(一杯之水) 필분이음(必分而飮)
한 일, 잔 배, 어조사 지, 물 수. 반드시 필, 나눌 분, 말이을 이, 마실 음. 한 잔의 물이라도 반드시 나누어 마시라는 뜻이다.

일립지식(一粒之食) 필분이식(必分而食)
한 일, 낟알 립, 어조사 지, 먹을 식. 반드시 필, 나눌 분, 말이을 이, 먹을 식. 한 알의 곡식이라도 반드시 나누어 먹으라는 뜻이다.

이처럼 충녕 대군은 한 번 읽은 책을 처음부터 다시 펴서 두 번, 세 번 반복해서 읽었다. 이해가 잘되지 않는 어려운 부분이 있으면 선생님께 묻기보다 스스로 깨달을 때까지 오랫동안 생각하는 시간을 가졌다. 이런 과정을 여러 번 반복하다 보니 충녕 대군이 가진 책은 언제나 겉장이 매우 낡아서 몇 번이나 덧대었는데도 늘 너덜너덜하게 닳아 있었다. 책 한 권을 스무 번 이상 꼼꼼히 읽었으니 당연한 일이었다.

충녕 대군은 많은 밤을 하얗게 지새워 가며 많은 양의 책을 읽었다. 충녕 대군은 워낙 책을 여러 번 반복해서 읽었기 때문에 굳이 기억하려고 노력하지 않아도 책의 내용을 자연스럽게 외울 수 있었다. 아침, 저녁으로 명상을 하며 다시 생각하면서 한 권, 한 권 이해해 나갔다.

충녕 대군이 공부를 시작한 후 궁궐 안에서는 충녕 대군에 대한 칭찬이 자자했다. 그도 그럴 것이 모두가 잠든 추운 겨울밤에도 오직 충녕 대군의 방에만 불이 켜져 있었기 때문이다. 태종은 지나치게 독서에 몰두한 충녕 대군이 걱정이었다.

"충녕이 또 밤늦게까지 글을 읽는구나. 내 지난번에 몸을 돌보라 그리 일렀거늘 저리도 독서에 열중한단 말이냐. 저러다 눈병에 걸리지는 않을지 참으로 걱정이구나."

어느 날이었다. 세자로서의 품위와는 거리가 먼 행동을 일삼는 양녕 대군 때문에 잠들지 못하던 태종은 마침 충녕 대군의 처소 쪽으로 발길을 옮기게 되었다. 하지만 충녕 대군의 그림자가 보이지 않는 것이 이상했다.

"분명히 불은 밝은데 충녕의 그림자가 보이지 않으렷다? 내 직접 들어

가서 확인해 보아야겠구나."

문을 열고 들어간 충녕 대군의 방에는 아무도 없었다. 분명히 등잔은 켜져 있고 침소도 마련되어 있건만 충녕 대군의 모습이 보이지 않았다.

"이게 어찌 된 일이냐! 충녕에게 무슨 일이 생긴 것이냐? 어찌 이리 늦은 시각에 침소에 없단 말인가!"

"아바마마……."

소리가 들려온 곳은 병풍 뒤쪽이었다.

"아니, 네가 왜 이곳에……."

"소자를 용서해 주시옵소서. 낮에 읽던 이 책이 어찌나 재미있던지 그만 해가 떨어진 줄도 모르고 읽었습니다. 그런데 아바마마께서 전에 소자에게 하신 말씀이 떠올라 염려를 끼쳐 드릴까 봐 병풍 뒤에 몰래 숨어서 읽고 있었사옵니다."

"허허허, 아무리 글공부가 좋아도 그렇지, 무슨 일이 생긴 건 아닌지 심히 걱정이 되었단 말이다."

"심려를 끼쳐 죄송하옵니다."

"아무튼 늦었으니 이제 그만 자거라."

"예, 아바마마."

충녕 대군이 어찌나 책을 많이 읽었는지 결국 심한 눈병에 걸리게 되었다. 처음에는 가볍게 생각한 눈병이 하루하루 지날수록 심해지자 아들의 건강이 걱정된 태종은 어의를 불러 충녕 대군의 눈병에 대해 물었다.

"충녕의 병은 차도가 있는가?"

"아뢰옵기 황송하옵니다. 눈에 좋다는 약재라는 약재는 다 써 보았으나 대군께서 워낙 늦은 밤까지 독서에 열중하시는지라……."

태종은 얼마 전 병풍 뒤에 숨어서 책을 읽던 충녕 대군의 모습이 떠올랐다. 이대로는 병이 더욱 심해질 것 같았다. 다른 방법이 없었다.

"뭐라? 아니 이렇게 병이 위중한데 아직도 책을 붙들고 앉았단 말이냐! 도저히 이대로는 안 되겠다. 서책들을 어서 끌어내야겠구나. 여봐라! 당장 충녕 대군의 방에서 서책들을 모조리 끌어내어 눈병이 나을 때까지 책을 읽지 못하게 하라!"

"명을 받들겠사옵니다."

그날 오후, 태종의 명을 받은 내관들이 저마다 지게를 한 개씩 등에 지고 충녕 대군의 방으로 우르르 몰려들었다.

"마마, 어명을 받들어 책을 치우지 않을 수 없사옵니다."

"아바마마의 뜻이 정 그렇다면 어쩌겠느냐. 몸이 낫는 대로 다시 돌려받을 터이니 잘 맡아 두게."

내관들이 나르는 책을 안타깝게 바라보며 충녕 대군이 겨우 대답했다.

"염려 마시고 옥체 보존하시어 얼른 쾌차하셔야지요."

"알겠네."

몸이 아파서 숟가락 들 힘조차 없는 상태에서도 책을 손에서 놓지 않았던 충녕 대군은 책이 가득했던 책장에서 책이 한 권도 빠짐없이 옮겨지니 매우 허전했다. 책을 읽고 싶은 마음이 간절했다.

활짝 열린 창으로 청명한 햇살이 비쳤다. 충녕 대군은 이 햇살을 맞으며 책 읽는 것을 좋아했다. 충녕 대군은 책이 읽고 싶은 마음에 책을 찾아보기 시작했다. 하지만 책장에서도, 책상 밑에서도 한 권도 찾을 수 없었다. 낙심한 충녕 대군은 한숨을 내쉬며 생각했다.

'내관들이 꽤나 신경을 써서 책을 옮겼구나. 방에 책 한 권이 없다니. 옳지! 저번에 병풍 뒤에서 읽던 책이 있었지. 그 책이라면 아마 아무도 찾지 못했을 게야.'

책을 찾아낸 충녕 대군은 날아갈 듯 기뻐하며 들뜬 마음으로 이미 수십 번은 읽었을 낡은 책을 들고 첫 장부터 읽어 내려가기 시작했다.

충녕 대군이 책을 읽고 있다는 소식을 전해 들은 태종은 고개를 절레절레 내저으며 혼잣말을 하였다.

"정말 충녕이란 녀석은 못 말리겠군……."

이렇듯 충녕 대군은 눈이 아픈 상황에서도 손에서 책을 놓지 않는 독서광이었다. 충녕 대군은 책을 스스로 곱씹어 가며 읽었다. 모르는 길을 다른 사람에게 물어보며 가는 것보다는 홀로 모험을 하며 가는 것이 더 즐겁다고 생각했다.

어쩌면 안내를 받으며 길을 가는 사람보다 그 속도는 느려 보일 수 있을 것이다. 하지만 어린 시절부터 홀로 생각하여 답을 찾는 힘을 기를 수 있었던 충녕 대군은 몇 년이 지나자 누군가 알려 줘야 답을 찾아내는 사람보다 몇 곱절이나 빠르게 책을 읽을 수 있었다.

이렇게 어린 시절 읽은 책은 후에 많은 업적을 쌓을 수 있었던 든든한 토대가 되었다.

세종의 아버지, 태종 이방원

　1398년(태조 7) 8월, 조선을 세운 태조 이성계의 다섯 번째 아들인 이방원은 자신이 권력의 중심에서 멀어지는 것을 우려하여 군대를 일으켰다. 사건의 발단은 정도전을 비롯한 조선 개국 공신들이 태조의 막내아들 이방석을 세자로 삼은 것부터였다.(이방석은 이방원과는 어머니가 달랐다.) 이에 반발한 이방원은 정도전, 남은과 같은 개국 공신들을 제거하고, 자신의 동생인 이방번, 이방석도 제거하였다. 이 사건이 1차 왕자의 난이다. 그 후 이방원을 세자로 내세우려는 신하들의 뜻과 다르게 이방원은 형 이방과에게 세자 자리를 양보했다. 자식들끼리 서로 권력 다툼을 벌인 것을 못마땅하게 여긴 태조 이성계는 왕위에서 물러나고, 태조의 뒤를 이어 이방과가 왕위에 오른다. 바로 2대 왕 정종이다.

　1차 왕자의 난 이후에 이번에는 이방원의 형 이방간이 왕의 자리를 노리며 군사를 일으키는데, 이것이 2차 왕자의 난이다. 이 과정을 이방원이 진압하면서 왕의 자리에 오르게 되는데, 그가 바로 조선 3대 왕인 태종이다.

　이방원은 무예와 활쏘기에 능한 장수였다. 하지만 글공부도 게을리한 것은 아니어서 고려 말에는 과거에 급제하여 벼슬자리에 오르기도 했다. 아버지를 도와 조선을 건국하였으며 이 과정에서 신진 사대부들과 가까이 어울려 새로운 세력이 조선을 발전시킬 수 있도록 기틀을 잡아 나갔다.

　하지만 이런 과정에서 반대파에게는 무자비한 모습을 보이기도 했는데, 앞서 소개한 1, 2차 왕자의 난과 더불어 고려 말의 충신인 정몽주를 죽인 사건 등이 대표적이다. 또한 자신의 부인 원경 왕후의 형제들을 귀양 보내어 죽게 하거나 아들 세종의 장인인 심온을 없애 버리는 등, 권력에 방해가 되는 사람들은 용서 없이 제거하는 냉철한 모습을 보였다.

　또한 태종은 왕권을 강화하고 나라를 효율적으로 다스리기 위해 여러 정책과 제도를 실시했다. 당시 귀족들이 개인적으로 거느리고 있던 사병을 없앴고, 유교를 숭상하고 불교를 억제하기 위해 전국의 많은 사찰을 폐쇄했으며, 양반부터 노비에 이르기까지 백성들을 등록하고 관리하는 호패법을 실시하기도 했다. 또한 도천법을 실시하여 신분에 관계없이 능력 있는 백성을 등용하고자 하였는데, 이를 통해 노비였던 장영실이 관직에 오를 수 있었다.

《동국사략》,《고려사》와 같은 역사책을 새로 편찬하게 하고, 활자를 만드는 등 문화 정책에도 힘썼으며, 여진족 정벌과 왜구 소탕 등 국방 강화를 위해서도 노력하였다. 황희, 맹사성 등의 문관과 최윤덕, 이종무 등의 무관도 태종 때부터 꾸준히 활약해 왔다. 태종의 이런 업적 덕분에 태종의 뒤를 이은 임금인 세종은 왕위에 오른 초기에 별다른 위기 없이 훌륭하게 임금의 역할을 수행할 수 있었다.

태종과 원경 왕후 민씨의 무덤인 헌릉

2장
같은 가지에서 피어난 두 꽃

휘이익, 탁. 휘익, 탁.

해가 중천에 떠오른 시각, 세자 양녕 대군과 어린 충녕 대군이 **투호** 놀이를 하고 있었다.

"그렇지, 이제야 좀 들어가는군."

연속해서 세 개의 화살을 통 안에 넣은 양녕 대군이 기분이 좋은지 큰 소리로 말했다. 반면 충녕 대군은 아직 한 개도 넣지 못했다.

"그렇게 던지면 잘 들어가지 않아. 이 형님이 던지는 것을 잘 보라고."

동생의 모습을 지켜보던 양녕 대군이 멋진 자세로 화살을 던졌다.

휘익, 탁.

이번에도 화살은 통 안에 정확히 들어갔다. 화살을 던지는 족족 들어가니 어린 충녕 대군의 눈에는 양녕 대군이 대단해 보였다.

"형님은 어찌 그리 투호를 잘하십니까? 저는 아무리 집중을 해서 던져도 잘되지 않습니다. 혹시 어떤 요령이라도 있는 것입니까?"

"그것은 네가 아직 어려서 힘이 부족해 그러는 것일 게야. 자, 이 앞으로 조금만 움직여서 던져 보아라. 옳지. 자세는 이렇게 잡고……."

말로 설명하는 것으로는 부족하다고 생각했는지 양녕 대군은 직접 동생의 팔을 붙잡고 던지는 방법을 알려 주었다.

휘익, 탁.

"그것 보아라. 내가 뭐라고 했느냐. 내가 알려 준 대로 하니 쉽게 넣지 않느냐."

양녕 대군은 어린 동생이 화살을 넣자 대견한 듯 머리를 쓰다듬으며 말했다.

"그렇게 안 들어가던 화살이 이리도 쉽게 들어가니 신기합니다. 저는 이다음에 크면 형님같이 투호도 잘하고 글도 잘 쓰는 사람이 되고 싶습니다."

"하하. 그렇게 말해 주니 고맙구나. 하지만 네가 나보다 잘하는 것이 분명 있을 것이다. 나중에 이 형님이 투호를 가르쳐 준 일을 잊지 말거라."

어린 충녕 대군의 눈에는 무슨 일이든 척척 해내는 양녕 대군이 정말 멋져 보였다.

투호
일정한 거리에서 청색과 홍색의 화살을 던져 병 속에 넣는 개수로 승부를 가리는 놀이.

찌잇, 찌-잇!

"아니, **저하**. 궁궐 안에서 이게 무슨 소리입니까?"

고요한 궁궐 안에 난데없는 매 울음소리가 울려 퍼졌다. 이 소리에 놀란 세자의 스승 **변계량**이 세자에게 물었다.

"제가 키우는 매입니다. 스승님."

졸린 눈을 반쯤 감은 세자 양녕 대군이 대답했다.

"저하께서는 어찌하여 공부보다 매사냥에 더 관심이 많으시옵니까?"

"공부는 재미가 없지 않습니까. 답답한 궁궐에서 나가 사냥을 하면 가슴이 확 트이는 것이 살 것 같습니다. 스승님께서 한 번만 눈감아 주시지요."

변계량은 양녕 대군을 보며 생각에 잠겼다. 엄격한 태종의 귀에 들어가면 불호령이 떨어질 것은 불을 보듯 뻔한 일이었다.

'저하의 양 어깨에 조선의 미래가 달려 있는데 어찌 그리 쉽게 말씀하신단 말인가. 참으로 문제로다. 충녕 대군께서는 벌써 《**대학연의**》까지 읽으셨

'전하(殿下)'와 '저하(邸下)'
전하는 임금을 높여 부르는 말로 임금보다 낮은 사람이 임금을 부를 때 쓰는 말이며, 저하는 왕세자나 왕세손을 높여 부를 때 쓰는 말이다.

변계량
변계량은 1369년에 태어나 1430년에 죽은 고려 말, 조선 초의 문신이다. 1407년 문과에 급제하여 예조 판서까지 승진했다. 또한 대제학으로 있으며 조선의 외교 문서를 도맡아 작성할 정도로 문장력이 훌륭했다. 양녕 대군의 스승을 맡아 임금이 되었을 때 필요한 학문을 가르쳤다.

《대학연의》
송나라의 학자 진덕수가 지은 책 《대학》을 해설한 책.

다고 하던데…….'

이렇듯 양녕 대군은 독서를 밥 먹는 것보다 좋아하는 충녕 대군과는 달리, 사냥과 같은 취미나 노는 일에 더 관심이 많았다. 특히 궁궐 밖으로 나가 돌아다니는 것을 좋아했다.

"충녕, 오늘 밤 저잣거리에 나가 잔치를 하려고 하는데 나의 옷차림이 어떠하냐?"

한껏 차려입은 양녕 대군이 충녕 대군에게 들뜬 목소리로 물었다. 하지만 충녕 대군은 자신과는 달리 활동적이고 사교적인 양녕 대군의 이런 행동이 이해가 되지 않았다. 더구나 불같은 성격의 아버지 태종에게 알려져 벌을 받을까 봐 걱정이 되었다. 충녕 대군은 용기를 내어 양녕 대군에게 자신의 생각을 이야기하였다.

"세자 저하, 전하께서 아시면 어쩌려고 그러시옵니까? 먼저 마음을 바로잡으신 후에 용모를 닦으시기를 간청 드리옵니다."

하지만 양녕 대군은 동생의 진심 어린 충고에도 아랑곳하지 않고 밤마다 친구들과 놀러 다녔다. 그런 형님을 보는 충녕 대군은 가슴이 아팠다.

'형님께서는 글을 읽고 공부하는 것이 많이 힘드신 것 같구나. 그래도 잘 참아 내셔야 할 텐데 걱정이다. 내가 아우로서 더 잘 모셔야겠어. 형님을 믿어 드리고 더 많은 도움을 드려야지.'

하지만 꼬리가 길면 밟히는 법, 양녕 대군의 잘못된 행동에 대한 소문은 좁은 궁궐 안에서 메마른 산의 들불처럼 번져 나갔다. 곧 태종의 귀에까지도 양녕 대군이 밤마다 궁궐의 담을 넘어 놀러 나간다는 소문이 들려왔다.

예상대로 태종은 노발대발했다.

"궁궐 안에 세자에 대한 해괴한 소문이 있던데 내 오늘 그 사실을 낱낱이 알아봐야겠다. 당장 어젯밤에 궁궐 문을 지킨 문지기를 불러오너라."

밤 동안 궁궐을 지킨 문지기가 새파랗게 질린 채 태종 앞에 엎드렸다.

"문지기는 들으라, 오늘 아침 해 뜨기 전 세자를 본 것이 사실인가?"

"그러하옵니다, 전하. 제가 감히 어느 안전이라고 거짓을 아뢰겠습니까. 소인의 두 눈으로 똑똑히 보았사옵니다."

"옳거니, 그 말이 사실이렷다. 당장 세자를 불러오거라. 내 이번 일은 쉽게 넘어가지 않을 것이다."

태종은 머뭇거리며 다가오는 세자에게 몹시 화를 내며 따져 물었다.

"너는 이 아비의 눈을 속이면서까지 노는 것이 그렇게 좋단 말이냐?"

세자 양녕 대군은 꿀 먹은 벙어리처럼 아무 말도 할 수 없었다.

"어서 말을 해 보라!"

태종은 변명도 하지 않는 세자를 보며 더욱 화가 나 소리를 쳤다. 그제서야 세자는 기어 들어가는 목소리로 말했다.

"지난밤에 이승 대감의 집에서 잔치가 있었사옵니다. 그리하여……."

"시끄럽다. 세자의 얼굴에는 아직도 뉘우치는 기색이 없구나. 이번이 벌써 몇 번째인가? 더 이상은 참을 수 없다. 동궁전(세자가 머무르는 궁)으로 가서 반성을 하며 처분을 기다리거라."

태종은 그렇게 아끼던 양녕 대군이 잘못을 연거푸 저지르자 가슴이 매우 아팠다.

'세자의 잘못이 점점 커져 더 이상 감싸 주기 어려울 지경에 이르렀구나. 어찌하다 이 지경이 되었을꼬……. 아버님과 나의 성격을 그대로 닮은 아이여서 기대가 컸건만…… 정말 안타까운 일이로다.'

이런 일이 반복되자 평소 양녕 대군에게 불만이 있던 신하들의 상소가 이어졌다.

전하, 신(臣) 박은, 상소를 올리옵니다. 무릇 한 나라의 임금은 하늘이 내려 준다 하였사옵니다. 그러나 하늘이 우리 조선에 내려 준 천명에 양녕 대군은 맞지 않는 것 같사옵니다. 부디 굽어살펴 주시옵소서.

영의정 유정현, 전하께 한 말씀 올리옵니다. 세자는 자신의 잘못을 반성하지 않고 도리어 임금을 원망하고 있다고 하옵니다. 바라건대 전하께오서는 조선의 미래를 생각하시어 세자 양녕을 폐하고 새로운 세자를 임명하시기를 건의드리옵니다.

한참을 고민하던 태종은 어렵게 세운 조선이라는 나라를 위해 세자인 양녕 대군을 그냥 두고 볼 수만은 없다고 생각했다. 양녕 대군에 대한 애정보다 나라를 먼저 생각한 태종은 어려운 결정을 내렸다.

"옛 사람이 말하기를 훌륭한 임금이 있으면 나라에 복이 있다 하였다. 그러나 세자의 행실이 부도덕하여 원성이 자자하니 그 자질이 부족한 것은 매우 옳은 소리이다. 효령 대군은 국왕이 될 자질이 미약하고 심성이 약해 항상 웃기만 할 뿐이다. 하지만 충녕 대군은 천성이 총명하고 학문이 깊으니 나는 충녕 대군으로 세자를 정하였도다."

여느 때처럼 평화롭게 책을 읽던 충녕 대군은 이 소식을 듣고 소스라치게 놀랐다. 평소에 자신이 존경하던 양녕 대군 대신에 자신이 세자가 될 수는 없다고 생각했다. 어린 시절부터 누구보다도 양녕 대군이 세자에 어울린다고 생각해 왔던 터였다. 충녕 대군은 즉각 태종에게 상소를 올렸다.

> 전하, 무릇 한 나라의 법도란 것이 있는데 어찌 소자가 두 형님을 제치고 왕이 될 수 있겠습니까? 세자 저하께서는 학식이 깊으시고 글씨에 조예가 있으셔서 한 나라의 제왕이 될 법한 자질이 있는 분이옵니다. 반면에 소자는 생각이 짧고 학문이 얕아 그런 중책을 맡기 어렵사옵니다. 다시 한번 생각해 주시기를 엎드려 비옵니다.

그러나 한번 마음을 정한 태종은 흔들리지 않았다. 태종은 눈물을 머금고 양녕 대군을 세자 자리에서 물러나게 한 후 충녕 대군을 세자로 책봉하였다. 그리고 두 달 후인 1418년(태종 18) 8월, 태종은 세자 충녕 대군에게 왕위를 물려주었다.

세자에서 폐위된 양녕 대군은 그 후에도 자유로운 생활을 멈추지 않았다. 평소에 하지 못했던 일을 마음껏 하며 오히려 세자였던 시절보다 더 즐

겁게 지냈다. 이제는 왕이 된 충녕 대군, 즉 세종도 이런 형님의 행복한 생활을 누구보다 기뻐하였다. 하지만 많은 신하들은 그렇지 않았다.

"전하, 양녕 대군이 이웃의 사냥개를 빼앗아 사냥을 했다는 보고가 올라왔사옵니다."

"전하, 강화도의 양녕 대군이 집에서 나가 한 달째 돌아오지 않는다고 하옵니다."

"전하, 양녕 대군이……."

신하들은 원래 세자였던 양녕 대군이 자기가 왕이 되지 못한 것에 불만을 가져 반란을 일으키지 않을까 걱정을 하고 있었다. 그런 걱정 때문에 밤낮을 양녕 대군을 감시하며 조금이라도 이상한 행동을 하면 이렇게 보고를 했던 것이다.

생각이 깊은 세종도 신하들의 이런 걱정을 잘 알고 있었다.

'많은 신하들이 형님을 경계하고 있구나. 형님이 세자에서 폐위될 때 상소를 올린 신하들은 더욱 그런 생각이 들겠지. 하지만 나에게만큼은 언제나 상냥하시던 형님께서 나에게 나쁘게 하실 리가 없다.'

세종은 자신이 왕이 되었다고 해서 어렸을 때 그렇게 존경했던 형님을 핍박할 수는 없다고 생각했다. 그리고 세종은 양녕 대군이 자신을 해칠 사람이 아니라는 것도 잘 알고 있었다. 오히려 그 반대라고 생각했다.

'형님께서 나를 위해 저런 행동을 하시는 게 아닐까? 이 미련한 동생이 형님을 밀어내고 왕이 되었다는 생각을 갖지 않도록 말이야. 주변에서 어떤 이야기를 하더라도 양녕 형님만큼은 끝까지 믿어 드려야 한다. 그것이

돌아가신 아버지의 뜻이기도 할 것이다.'

하지만 신하들은 세종의 이런 깊은 뜻을 전혀 짐작하지 못하고 여전히 양녕 대군을 비난하였다.

"전하, 경기도 이천에 머무는 양녕 대군의 행실이 날로 나빠져 주변의 백성들이 피해를 보고 있사옵니다. 양녕 대군을 귀양 보내야 하옵니다."

"그러하옵니다, 전하. 양녕 대군의 잘못된 행동은 어제오늘 일이 아니옵니다. 깊이 생각하여 주시옵소서."

세종은 신하들의 말을 모두 물리치며 말하였다.

"경들의 이야기는 잘 알겠소. 하지만 그것은 한편으로는 옳지만 다른 한편으로는 옳지 않소. 백성에게 손해를 끼친 일은 마땅히 그 값을 치러야 할 것이오. 하지만 내가 아무리 왕의 자리에 있다고 하여도 어찌 형님인 양녕 대군을 귀양 보낼 수 있겠소? 또, 양녕 대군이 특별히 반란을 일으키거나 모의한 사실이 없거늘 어찌 미리 의심하여 벌을 내릴 수 있겠소?"

세종의 논리 정연한 말에 신하들은 꿀 먹은 벙어리가 되었다. 오히려 자신들의 불안한 마음을 들킨 듯하여 얼굴을 붉히는 신하들도 있었다.

하지만 그 이후로도 양녕 대군을 벌하라는 상소가 끊임없이 올라왔다. 그만큼 사람들은 양녕 대군의 존재가 세종에게 위협이 된다고 생각하였다. 하지만 세종의 믿음은 굳건했다. 또 왕의 권력을 위해 형제의 우애를 저버릴 수는 없다고 믿었다. 세종은 재위 기간 내내 양녕 대군의 굳건한 방패가 되기 위해 노력했다. 설령 양녕 대군이 작은 잘못을 하더라도 이는 동생이 감싸 줘야 한다고 믿는 세종이었다.

역사 한 고개

세종의 형제들

태조 ─┬─ 신의 왕후 한씨
　　　│
　　　태종(정안 대군) ─┬─ 원경 왕후 민씨
　　　　　　　　　　　│
　　　　　　　　　　　양녕 대군 이제
　　　　　　　　　　　효령 대군 이보
　　　　　　　　　　　충녕 대군 이도 (세종)
　　　　　　　　　　　성녕 대군
　　　　　　　　　　　정순 공주
　　　　　　　　　　　경정 공주
　　　　　　　　　　　경안 공주
　　　　　　　　　　　정선 공주

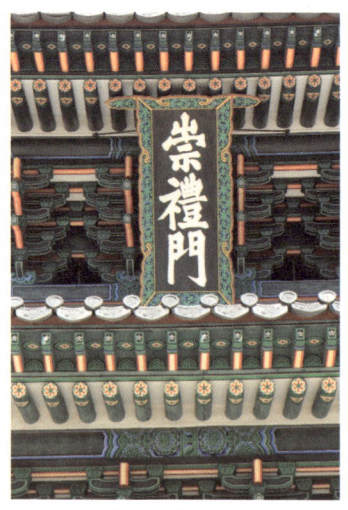

양녕 대군이 쓴 숭례문 현판

효령 대군의 묘소

양녕 대군 이제

태종 이방원의 첫째 아들 양녕 대군은 1394년 태어나 1404년 10세 때 세자로 책봉되었다. 양녕 대군이 태어날 당시 아버지 이방원은 정도전 등과 치열한 권력 다툼을 벌이고 있어 양녕 대군은 외가에서 지냈다. 이러한 인연으로 양녕 대군은 어머니 원경 왕후 민씨의 오빠들인 민무구, 민무질과 친하게 되었는데, 이들의 세력이 커지는 것을 경계한 태종이 민씨 형제들을 제거하게 되었다. 이를 계기로 세자 양녕 대군의 지위는 크게 흔들리며, 결과적으로 그의 법도에 맞지 않는 행동으로 인해 셋째 충녕 대군에게 세자 자리를 내어 준다.

양녕 대군은 할아버지인 태조 이성계와 아버지인 태종 이방원을 많이 닮아 어릴 때부터 사냥을 즐겼고, 서예에도 소질이 있어 숭례문의 현판을 쓴 것으로 전해진다.

효령 대군 이보

태종 이방원의 둘째 아들 효령 대군은 1396년에 태어나 1486년까지 장수한 태종 이방원의 둘째 아들이다. 어렸을 때부터 독서와 활쏘기에 소질을 보여 아버지를 따라 사냥터에 자주 다녔다. 양녕 대군이 세자에서 폐위되자 자신이 세자가 될 것으로 생각하여 몸과 마음을 가다듬고 공부를 열심히 했으나 이를 지켜보던 양녕 대군이 충녕 대군에게 세자 자리를 주고 싶어 하는 아버지의 뜻을 모르겠냐며 꾸중을 하였다는 재미있는 일화가 전해진다. 그 후 동생인 충녕 대군에게 세자의 자리가 돌아가자 불교에 깊게 몰두하였다.

효령 대군은 성격이 원만하여 친족들과 사이가 좋았으며 특히 세종이 집에 찾아오면 밤이 늦도록 나랏일을 함께 의논하는 모습을 보여 주었다. 91세까지 장수하는 동안 세종, 문종, 단종, 세조, 예종, 성종까지 총 6명의 왕을 모셨다.

3장
나의 부족함을 알고 노력하다

"전하, 최윤덕 장군이 사람을 보내왔사옵니다. 그제 있었던 여진족과의 압록강 전투에서 크게 승리했다는 소식이옵니다."

"그것 참 듣던 중 반가운 소리구나."

세종은 최윤덕이 전투에서 승리했다는 소식을 듣고 안심하며 빙그레 웃었다. 이번 여연 지방(오늘날의 평안북도 중강진) 여진족 토벌을 위해 많은 노력을 한 세종이었지만 속으로는 불안했던 것이다.

"이번 기회에 북쪽에 사는 우리 백성들이 마음 놓고 지낼 수 있도록 확실하게 물리쳐야 할 것이다. 여진족들이 앞으로도 조선 땅에 발을 붙이지 못하도록 말이야."

조선 시대의 국경 지대인 북쪽 지방에는 호시탐탐 우리나라를 노리는 여진족들이 있었다. 여진족들은 중국 만주 지방에 살고 있는 부족이었는데, 수시로 말을 타고 조선에 내려와 조선 백성들의 식량을 빼앗는 등 못된 짓을 일삼았다. 세종은 여진족의 침략에 대비하기 위해 최윤덕을 시켜 조선 곳곳을 돌아다니며 오래된 성벽을 다시 쌓거나 새로 만들게 하였다. 하지만 성벽을 높이 쌓았다고 해서 여진족들이 물러나는 것은 아니었다.

"조선의 왕이 이곳 두만강 근처까지 신경을 쓰지는 못할 거다. 우리는 그저 늘 하던 대로 식량이 떨어지면 조선 사람들이 사는 마을로 가서 빼앗으면 되는 거야."

"추장, 오늘이 바로 그날인 듯싶습니다. 마침 먹을 것이 없습니다."

"그래? 안 그래도 지난번에 우리가 잡아 놓았다가 조선으로 도망친 명나라 포로들을 조선 군대가 도로 명나라로 보냈다지? 조선이 명나라와 우리 사이를 나쁘게 만들었구먼. 이거 구실이 생겼어. 조선 마을로 간다!"

"오늘부터 실컷 먹게 생겼습니다. 다들 불러 모으겠습니다!"

여진족들은 대개 식량이 있을 때는 북쪽의 조선 사람들과 무역을 하는 등 사이좋게 지내다가, 식량이 떨어질 때쯤 쳐들어오곤 했다. 그래서 그 지역 사람들은 늘 여진족들이 언제 침략할지 몰라 두려워하며 살고 있었다.

"여진족이다, 여진족이 몰려온다!"

"뭐, 뭐라고? 여진족이? 아이코, 일단 닭이랑 개부터 숨겨야겠다."

"이 사람이, 그럴 정신이 어딨어? 일단 몸부터 피하고 봐야지. 여진족 놈들이 또 잡아다가 부려 먹으면 어쩌려고!"

"나라에서는 뭣들 하는가 몰라! 저 여진족 놈들 혼을 내야지."
"됐네, 됐어. 우리는 우리가 알아서 살길 찾는 거야. 얼른 피하세! 얼른!"

1432년(세종 14) 말에 벌어진 여연 근처의 여진족 침략 사건을 계기로 세종은 여진족들에 대한 토벌과 그동안 꾸준히 준비해 왔던 북방 정책을 실행하기로 마음먹었다.

"근래에 압록강 근처의 여진족들이 민가에 쳐들어와 식량을 빼앗아 간다고 하는데, 이를 어찌 막으면 좋을지 말해 보시오."

"전하, 아뢰옵기 황송하오나 압록강 근처는 그만 포기하시는 것이 좋을 듯하옵니다. 대신 좀 더 아래쪽에 있는 마천령 산맥을 국경으로 하시어 대비하는 것이 방어에 더욱 쉬울 줄로 아뢰옵니다."

"신의 생각도 같사옵니다. 일단 국경을 좀 더 남쪽으로 내린 후에 관리하시는 것이 옳을 줄로 아옵니다."

세종은 비겁한 소리를 늘어놓는 신하들을 보며 혀를 끌끌 찼다.

"조선의 대신이라는 이들이 하나같이 어지러운 소리만 늘어놓고 있구려! 이미 선대왕(태종)께서 대마도에서 왜구들을 혼쭐내어 다시는 우리 조선 땅을 넘보지 못하거늘 무엇이 두렵단 말이오? 이번에도 그때를 거울삼아 여진족들에게도 본때를 보여 줄 필요가 있을 것이오."

"하오나 전하…… 조선의 국력이 아직 그렇게 크지 못하여……."

세종은 신하의 말을 끊고 말을 이어 나갔다.

"또한 압록강, 두만강 유역은 우리 조상의 얼이 서린 곳인데 어찌 이를 버리고 마천령 산맥 아래쪽에 자리를 잡으란 말이오! 백두산은 예로부터 우리 민족의 뿌리가 되는 곳이고 이미 삼국 시대부터 우리나라 사람들이 살아왔거늘 마천령이라니!"

세종의 호통에 여진족들에게 땅을 내주자고 주장했던 신하들은 금방 얼굴이 빨개지고 말문이 막혔다. 그만큼 세종의 북방 정벌에 대한 의지는 확고했다.

세종이 처음부터 국방 문제에 능통했던 것은 아니었다. 오히려 세자 시절부터 주위에서는 끊임없이 세종의 국방 능력에 대해 문제를 제기했다.

세종이 왕위에 오른 첫해의 일이었다. 우리나라에서 가장 가까운 일본의 섬인 쓰시마 섬(대마도)에서 많은 왜인들이 우리나라를 침략했다. 여기에 대한 대책을 마련하기 위해 회의를 한 일이 있었다. 이때만 하더라도 세종이 왕위에 오른 지 얼마 되지 않고 경험이 부족하여 그의 아버지인 태종이 군사와 관련된 일을 맡아서 하고 있었다.

"왜구들이 조선의 남쪽 땅을 자주 침범하니 어떻게 하면 좋을지 의견을 내 보시오."

"신 **이종무** 한 말씀 올리겠사옵니다. 고려 이후로 대마도에 살고 있는 왜인들이 풍족한 조선을 시기하여 평화를 깨뜨리는 일이 자주 있었사옵니

> **이종무**
> 조선 초의 무신으로, 1381년 강원도에 침입한 왜구를 물리쳤으며, 1419년 쓰시마 섬(대마도)을 정벌하여 공을 세웠다.

다. 그때마다 태조께서 군사를 일으켜 토벌하셨습니다. 위대하신 선대왕의 업적을 이어받아 군사를 일으켜 왜구들의 본거지를 직접 소탕하시는 것이 옳을 줄로 아옵니다."

이종무가 왜구들을 적극적으로 공격하자는 의견을 냈다. 하지만 가만히 듣고 있던 세종의 의견은 조금 달랐다.

"제 생각에는 해전을 피하고 육지로 끌어들여 소탕함이 좋을 것 같습니다. 조선의 해군은 아직 왜구에 비해 그 숫자가 매우 부족하다고 알고 있습니다. 섣불리 바다로 나갔다가 많은 수의 적을 만나 큰 낭패를 볼까 두렵습니다. 해전을 포기하고 육지에서 전투를 하시는 것이 옳다고 생각합니다."

회의에 함께 참석한 세종 역시 본인이 알고 있는 군사 지식을 모두 동원하여 성실하게 대답했다. 하지만 세종의 대책을 들은 상왕 태종은 표정이 좋지 않았다.

"주상은 방금 한 말이 무슨 뜻인지 알고나 있는 것인가? 바다를 버리고 육지에만 군사를 모아 둔다면, 영악한 왜구들은 그 군사들을 보고 다시 배를 돌려 군사가 보이지 않는 해안 지역을 약탈하려 들 것이다. 병력은 한정되어 있는데 언제까지 수비만 하며 삼면이 바다인 우리 조선의 모든 고을을 지킬 수 있단 말인가?"

태종에게 호통을 들은 세종은 얼굴이 화끈거렸다. 세종이 양녕 대군 대신 세자 자리에 오르고 태종의 뒤를 이어 왕이 되었을 때 많은 신하들이 걱정했던 것이 바로 군사에 대한 지식이었기 때문이다. 세종도 주위의 이런 시선들을 잘 알고 있었다.

'내가 조선의 왕으로서 업무를 잘 수행하려면 글을 읽는 것뿐만 아니라 군사에 관련된 경험도 쌓아야겠구나. 하지만 나는 무예를 익히는 데 소질이 없으니 어찌할 것인가?'

그때부터 세종은 틈틈이 군사와 관련된 책을 읽기 시작했다. 하지만 다른 공부들과 군사와 관련된 공부에는 많은 차이가 있었다. 세종은 곧 어려움을 느꼈다.

'군사 문제와 관련된 일들은 책으로만 알 수 없는 것들이 있으니 다른 방법을 생각해 내야겠구나. 마침 주변에 좋은 장군들이 많이 있으니 그들과 이야기를 나눠 부족한 경험을 채워 나가야겠어……'

그 당시 조선에는 최윤덕을 비롯한 훌륭한 장군들이 많았다. 이들은 무예뿐만 아니라 글 실력도 뛰어나 세종의 믿음을 얻고 있었다. 세종은 병법 책을 읽다가 막히는 부분이 있으면 장군들에게 적극적으로 물어보았다.

"최윤덕 장군, 《손자병법》에 이르기를 '아군의 병사가 능히 공격할 수 있음을 알면서도, 적이 공격할 수 없음을 모른다면 승패는 반반이라고 한다.' 라고 하던데 장군의 생각은 어떠하시오?"

"예, 전하. 제 부족한 생각으로는…… 그 말은 참으로 맞는 말이라고 생각하옵니다. 우리 병사의 전투 채비를 갖추는 것이 먼저이지만 늘 적군의

《손자병법》
중국 오나라의 손무가 펴낸 병법서. 전략, 전술의 법칙 등을 상세하게 설명하고 중국의 전쟁 체험을 집대성한 것으로, 간결한 문장으로도 유명하다.

상황을 살펴야 반드시 승리할 수 있을 것이옵니다."

"그렇다면 그건 '적이 이길 수 없게 만드는 것은 나에게 달려 있고, 아군이 이길 수 있는 것은 적에게 달려 있다.'라는 구절과 통하는 것 같구려."

"그러하옵니다, 전하. 언제나 승리는 적의 태세를 먼저 살펴야 따라오는 것이라고 할 수 있습니다."

세종에게 이것저것 질문을 받은 최윤덕은 감명을 받았다.

'전하는 참 대단한 분이야. 이 나라의 가장 높은 분이시면서도 부족함을 인정하고 언제나 노력을 하시는구나. 거기다가 나와 같이 하찮은 장군의 이야기를 저렇게 귀담아 들어 주시니 몸 둘 바를 모르겠군. 저런 성군 밑에서 일할 수 있다는 것은 참으로 큰 복이로다. 전하께서 언제든지 물어보셔도 답할 수 있도록 더 열심히 공부해야겠어……'

최윤덕뿐만 아니라 많은 경험을 가진 여러 장군들과 수시로 군사 문제와 관련된 이야기를 나누면서 세종은 자연스럽게 군사 문제에 전문적인 지식을 갖게 되었다. 또한 여러 장군들의 장단점을 알 수 있게 되어 후에 4군 6진을 개척할 때 큰 도움이 되었다.

"이번 기회를 빌어 여진족을 토벌하고 그곳이 우리 조선의 영토임을 확실하게 알려 줄 필요가 있을 것이오. 사령관은 누구로 하는 것이 좋겠는지 말해 보시오."

부끄러워 얼굴이 빨개진 신하들을 바라보며 세종은 다시 회의를 이어 나갔다.

"아무래도 여진족을 다루는 데에는 최윤덕 장군만 한 이가 없는 줄로 아옵니다."

"과인의 생각도 같소. 내가 직접 불러 준비시킬 것이오."

세종은 결심한 일은 과감하게 밀어붙이는 소신과 용기를 갖춘 왕이었다. 신하들과의 회의를 마친 후, 최윤덕이 궁궐로 들어섰다.

"신 최윤덕 어명을 받들고자 왔사옵니다."

"그래, 성곽을 보강하는 일은 잘 마무리하였소?"

"예, 전하. 지난번에 왜구가 나타났던 비인현 지역을 비롯하여 전국 곳곳의 낡고 오래된 성곽을 보수했사옵니다."

"그래, 항상 편안할 때일수록 위태로운 시절을 잊지 않고 대비해야 하는 것이오."

"지당하신 말씀이옵니다."

"과인이 장군을 이렇듯 급히 찾은 이유를 알고 있을 터."

"예, 전하. 최근에 여연 지역에 여진족들이 자주 나타나고 있다는 소식을 들었사옵니다."

"여러 차례 여진족들에게 본때를 보여 준 장군이야말로 여진족 정벌의 총사령관이 될 자격이 있지! 장군 활 솜씨가 워낙 뛰어나 여진족 추장들이 겁을 많이 먹었더라는 소식을 내 익히 들어 알고 있었소."

"과찬의 말씀이시옵니다, 전하. 소인의 재주가 비록 미천하나 백성을 위해 쓰인다면 어찌 망설이겠사옵니까."

"장군과 같은 사람이 있어 내가 이 계획을 실천할 수 있는 것이오."

"전하, 단순히 토벌만 하실 생각이 아니시옵니까?"

"내 더 이상 여진족들에게 우리 영토가 약탈당하는 꼴을 두고 볼 수 없소. 하여 이번 토벌을 계기로 압록강과 백두산 지역이 우리의 땅임을 확실히 하고자 하오."

"명을 받들겠사옵니다."

"장군은 우선 평안도 절제사로 나가 그곳에서 전쟁 준비를 한 뒤 보고를 올리시오."

"예, 전하."

최윤덕은 무예 실력이 뛰어났을 뿐 아니라 철저하게 준비하고 주변을 살필 수 있는 능력을 갖춘 무관이었다. 다양한 전쟁 경험을 통해서 군사를 잘 이끌 수 있는 통솔력도 갖추고 있었다.

1433년(세종 15) 4월, 최윤덕을 총사령관으로 1만 5000여 명의 조선 군대가 여진족 토벌에 나섰다.

"추장, 이제 슬슬 조선에 한 번 더 다녀와야 되지 않을까요?"

"그런가? 먹을 것이 떨어진 게로군. 출발하자꾸나."

"추장! 큰일 났습니다. 큰일이 났어요!"

"왜? 무슨 일이냐? 먹을 것이 떨어진 것은 나도 알고 있어."

"그게 아니에요. 먹을 것이 아니라 목숨이 떨어지게 생겼다고요!"

"무슨 일이길래 그리 호들갑이냐! 설마 최윤덕이라도 오는 것이야?"

"어찌 아셨습니까? 벌써 조선 군사 1만 5000명을 이끌고 산 중턱을 넘었다는뎁쇼?"

"뭐? 그럼 지금 이러고 있을 때가 아니야. 어서어서 도망쳐야지! 그놈 활솜씨라면 벌써 도망갔어야 했어. 어서 서둘러."

9일 동안 이루어진 토벌 작전에서 여진족들은 200명 가까이 죽고 250여 명이 붙잡힌 반면, 조선 군대는 4명만 죽었을 정도로 토벌은 성공적이었다. 그리고 4년 후, 최윤덕 대신 이천이 총사령관이 되어 2차 토벌에 나섰는데, 이때 역시 크게 승리하여 여진족들에게 조선 군대의 무서움을 보여 주었다.

하지만 세종은 전쟁에서의 큰 승리에 만족하지 않고, 북쪽에 있는 우리나라 영토에 여진족들이 계속해서 발을 붙이지 못하도록 노력을 기울였다.

"전하, 동북면의 여진족들과 관련하여 긴히 드릴 말씀이 있사옵니다."

"여진족들이 또 민가에 나타났다는 것이냐?"

"아니옵니다. 일전부터 우리를 괴롭혀 온 동맹가첨목아와 그 아들이 여진족들끼리의 싸움으로 목숨을 잃었다는 보고이옵니다."

"그래? 여진족들끼리 서로 분열이 일어난 게로구나. 이미 압록강과 백두산 쪽은 최윤덕 장군이 지키고 있으니, 이번 일을 계기로 두만강 일대 역시 우리 조선 땅이라는 것을 확실히 해 두어야겠다. 김종서 대감을 불러라."

"신 김종서, 어명을 받들고자 하옵니다."

"과인이 이렇듯 대감을 부른 것은 이번 동북면 토벌에 대감을 보내기 위해서요. 내 애초에 여진족 토벌을 결심한 까닭은 그저 여진족들에게 본때를 보여 주기 위함이 아니오. 그곳이 우리 땅임을 확실히 하기 위해서는 더 많은 우리 백성들이 그곳에서 살아야 하오. 그러니 그 땅에 백성들을 보내

정착하게 하시오."

"알겠사옵니다, 전하."

그리하여 함길도(함경도) 도관찰사가 된 김종서는 두만강 유역의 여진족을 몰아내고, 군사 요새인 6진을 개척하였다. 6진 개척으로 많은 백성들이 이주하여 살 수 있었고, 현재의 북쪽 국경선을 완성할 수 있었다.

우리가 흔히 알고 있는 세종은 과학 기술을 개발하고, 한글을 만드는 등 학문과 관련된 업적을 많이 쌓은 모습이다. 하지만 세종은 이와 동시에 군사 훈련 방법을 개선하고, 무기를 개발하게 했으며, 성벽을 튼튼하게 쌓아 외적의 침입을 대비하는 등 국방을 튼튼하게 하는 일을 꾸준히 추진하기도 했다. 세종은 자신에게 부족하다고 여겨지는 군사 지식을 노력을 통해 채우고, 결단력 있게 추진하여 조선 역사를 통틀어 가장 넓은 영토를 개척한 왕이 되었다.

세종과 4군 6진

　세종 때는 북쪽에서 호시탐탐 조선의 식량과 재물을 노리는 여진족이 골칫거리였다. 남쪽 바다의 왜구들을 공격했던 쓰시마 섬(대마도) 정벌을 태종이 주도했다면, 북방 개척은 세종이 중심이 되어 펼친 정책이었다.

　세종은 최윤덕과 김종서에게 여진족을 몰아내게 하고, 4군 6진을 세우게 하였다. 자성, 우예, 여연, 무창의 4군은 최윤덕이 압록강 상류를 공격하여 확보한 지역이고, 온성, 경원, 종성, 회령, 부령, 경흥의 6진은 김종서가 두만강 유역의 여진족을 몰아내고 설치한 지역이다.

　세종은 이 북쪽 국경 지역을 완전히 우리 땅으로 만들기 위해 남쪽의 백성들을 북쪽으로 이주시켜 살게 하는 정책을 실시했다. 북쪽 지방으로 이주하는 백성들에게는 땅을 주고 군역을 면제해 주는 등의 혜택을 주기도 했다. 또한 이 백성들을 다스릴 관리를 그 지방 사람으로 임명하게 했다. 이를 토관 제도라 한다. 이처럼 남쪽의 백성들을 북쪽으로 이주시키고 정착할 수 있도록 도와주었기 때문에 이때의 국경선이 현재와 같은 우리나라의 국경선으로 확정될 수 있었다.

4군 6진

호랑이를 잡는 화살, 최윤덕

　1376년 무인 집안에서 태어난 최윤덕은 어려서부터 활로 호랑이를 쏘아 잡을 정도로 용감함과 실력을 두루 갖춘 명장이었다. 태종 때부터 여러 차례 북방에 나가 여진족 토벌에 앞장섰으며, 여진족의 추장이었던 동맹가첩목아는 최윤덕의 활 솜씨를 두려워했다고 한다.

　세종이 즉위한 후에는 조선의 전 지역을 돌면서 성벽을 고치고 다시 쌓는 일을 도맡아 진행했으며, 1433년 여진족 토벌에 나서 큰 성과를 올리고 4군을 설치했다. 그는 이 공로로 우의정의 자리에 올랐는데, 무관의 신분으로 높은 벼슬에 오르는 것이 당시로서는 매우 힘든 일이었다. 또한 그는 청렴결백하고 강직한 사람으로도 이름이 나 있었다.

6진을 개척한 김종서

　한반도 동북쪽의 영토를 여진족들에게서 빼앗기지 않고 조선의 영토로 관리하기 위해 노력했던 사람으로 김종서를 빼놓을 수 없다.

　1390년에 도총제를 지낸 김추의 아들로 태어난 김종서는 과거에 합격하여 관직에 발을 들여놓았다. 태종 때에는 큰일을 맡지 않았지만, 세종 때 행대감찰이라는 직책을 맡으면서 강원도로 파견되어 민심을 수습하고 굶주린 백성들을 위해 세금을 감면해 줄 것을 세종에게 요청하는 등 중요한 역할을 하기 시작했다. 이후 이징옥 등과 함께 함길도로 파견되어 여진족을 정벌하고 6진을 설치했다. 또한 북쪽 지방에 조선인들을 이주하여 살게 하는 일에 참여하여 큰 성과를 올렸다. 비록 무관 출신은 아니지만 무예가 뛰어났던 그를 여진족들은 대호(큰 호랑이)라는 별명으로 불렀다고 한다.

4장
몸과 마음을 다하는 효심

푸른 새싹이 파릇파릇 돋아나는 어느 봄날이었다. 세종과 그의 어머니 원경 왕후는 오랜만의 평온함에 도란도란 이야기를 나누며 경회루 근처를 산책하고 있었다.

"주상, 얼굴이 많이 야위었구려. 혹시 무슨 일이 있는 것이오?"

"아니옵니다. 요즘 공부가 조금 어려워 피로가 덜 풀린 것 같사옵니다."

"너무 늦게까지 책을 읽지 말고 쉬엄쉬엄 하시오. 나도 요즘 얼굴에 열이 오르고 가끔씩 어지러운 생각이 들어 걱정이오."

"어마마마께서는 어디가 편찮으신 것 아니옵니까? 안색이 많이 안 좋아 보이십니다."

"몸이 피곤하여 그럴 것이오. 한잠 푹 자면 좋아질 것이니 너무 걱정하지 마시오."

하지만 세종은 불안한 마음을 떨칠 수가 없었다. 세종은 어의를 불러 상의해 보았다.

"전하, 어의 원학이 뵙기를 청하옵니다."

"들라 하라. 그래, 어마마마의 건강이 어떠하오?"

"전하 사실은…… 드릴 말씀이 있사옵니다."

"무엇이오? 얼른 말하시오."

"대비 마마께서 **학질**에 걸리신 듯하옵니다."

"학질이라? 갑자기 웬 학질이란 말이오?"

세종은 사랑하는 어머니가 무서운 병에 걸렸다고 생각하니 하늘이 무너지는 것 같았다.

"지금 궐 밖에서 유행하고 있는 병과 비슷한 증세를 보이시는 것을 보아……."

"아무리 그래도 그렇지 학질이라니…… 그럼 어떻게 해야 어마마마의 병환을 낫게 할 수 있소?"

"전하, 아뢰옵기 황송하오나…… 대비 마마의 병환은 치료하기 어렵사옵니다."

"아니, 그럼 아무것도 할 수 없단 말이오?"

학질
몸을 떨며, 주기적으로 열이 나는 전염병이다. 조선 시대에 학질은 가장 흔한 병 중 하나였으며 치료가 매우 어렵기 때문에 '학을 뗀다'라는 표현이 나오게 되었다.

"한 가지 방도가 있긴 하온데……."

"그것이 무엇이오? 어머님을 낫게 할 수 있다면 무슨 일이든 하겠소."

"학질은 거처를 자주 옮기는 것이 병환에 차도가 있다고 하옵니다. 대비 마마의 거처를 공기 좋은 곳으로 옮기시는 것이 그나마 병의 진행을 늦추는 방도라 생각하옵니다."

그길로 세종은 태종을 찾아가 어머니를 곁에서 모시며 직접 간호하고 싶다고 말씀드렸다. 그리고 어의의 이야기를 전하였다.

"한 나라의 임금이 어찌 궁을 비운단 말이오? 절대로 안 될 일이오."

태종은 펄쩍 뛰며 반대하였다. 하지만 세종은 물러서지 않았다.

"전하, 소자 아바마마와 어마마마께 머리끝부터 발끝까지 받지 않은 것이 없사옵니다. 어마마마께서 편찮으신데 어찌 궁에서 편히 있을 수 있겠사옵니까? 만백성의 아버지인 임금이 그리한다면 조선의 어느 누가 부모님을 효로써 모시겠습니까? 다시 한번 생각해 주시옵소서."

평소 태종의 말을 잘 듣는 세종이 이렇게 완강히 이야기하니 태종은 당황했다. 그리고 임금이 만백성의 본보기가 되어야 한다는 것도 이치에 맞는 말이었다. 태종은 하는 수 없이 허락해 주었다.

세종이 원경 왕후와 궁궐을 떠난다는 소문이 퍼지자 많은 신하들이 술렁거렸다. 특히 호위 무사들의 걱정은 이만저만이 아니었다.

"자네, 전하께서 대비 마마와 팔도 유랑을 떠난다는 말 들었는가?"

"요즘 그 이야기를 모르는 사람도 있나? 전하께서 어쩌시려고 궁을 떠나신다는지 모르겠군그래. 궁 밖에 나가면 많이 불편하실 텐데 말이야."

孝

"두말하면 잔소리지. 근데 이번 유랑에는 말 한 필에 시종 두 명만 데리고 떠나신다고 하던데? 우리 같은 무사들이 모시면 대비 마마께서 불편해하실 것이라면서 말이야. 전하께서 안전히 다녀오셔야 할 텐데……."

"이게 다 대비 마마에 대한 효심 때문 아니겠나? 전하는 정말 대단하신 분일세."

세종은 1420년, 말 한 필과 내시 두 명만 데리고 한양을 출발하여 전국 여기저기를 돌아다녔다. 하지만 세종의 정성에도 불구하고 원경 왕후의 병환은 좋아지지 않았다. 오히려 고단한 여행 탓에 왕후의 병세는 나날이 악화되었다. 그런 어머니를 지켜보는 세종은 마음이 찢어질 듯 아팠다.

궁궐에 머물며 두 사람의 여행을 지켜보던 태종도 걱정이 되기는 마찬가지였다.

"지금 주상과 대비가 어디에 있다고 하는가?"

"예, 전하. 지금 청주 부근에 계시다는 서찰이 막 도착했사옵니다."

"그럼 지금 청주로 갈 터이니 말을 준비하게."

"예, 전하."

사실 태종은 부인 원경 왕후와 사이가 매우 좋지 않았다. 태종이 왕이 되고 난 후 원경 왕후의 오빠들인 민무구, 민무질 형제가 반란을 일으킨 것이 발각되었기 때문이다. 이런 사실을 잘 알고 있던 신하들은 태종이 아픈 부인을 문병하기 위하여 한양에서 멀리 떨어진 청주까지 간다고 하자 굉장히 놀랐다.

하지만 신하들이 알지 못하는 것이 있었다. 태종의 원경 왕후에 대한 미움은 이미 봄날의 시냇물처럼 많이 풀려 있었던 것이다. 얼음장같이 차가웠던 태종의 마음을 녹인 것은 다름 아닌 세종의 효심이었다. 세종의 깊은 효심 덕분에 태종과 원경 왕후는 오랜 갈등과 미움을 잊을 수 있었다.

"대비, 병에 차도가 좀 있소?"

태종이 청주에 머물던 원경 왕후의 처소에 들어가며 부드러운 목소리로 말하였다.

"나랏일로 바쁘신 전하께서 여기까지 어인 일로 행차하셨습니까?"

원경 왕후는 갑작스런 태종의 행차에 매우 놀랐지만 내색하지 않으려 떨리는 목소리로 대답하였다.

"지아비가 부인을 찾아오는 것이 뭐 그리 이상하오. 얼른 털고 일어나야 할 텐데 걱정이오."

"저는 아무래도 어려울 것 같습니다. 전하께서라도 옥체를 보존하시어 만수무강하시옵소서."

"내 대비를 잃고 홀로 만수무강하면 무엇하겠소. 지난날에 내가 모질게 굴었던 것을 용서해 주오. 나로서는 어쩔 수가 없었소. 미안하오."

"아니옵니다. 저도 전하의 마음을 잘 알고 있사옵니다. 제가 죽더라도 부디 주상을 잘 이끌어 주시옵소서."

태종이 원경 왕후를 만나러 온 그 시각, 세종은 식사도 거른 채 어머니의 건강을 위해 기도를 올리고 있었다. 세종은 여행 기간 동안 열두 번이나 숙소를 옮겼는데 그때마다 식사는 물론 잠도 거른 채 어머니의 회복을 위해 천지신명과 부처님께 정성을 다해 기도를 올렸다.

하지만 쇠약해진 원경 왕후의 몸은 태종의 걱정 어린 응원과 세종의 지극 정성인 효심으로도 어찌할 수 없을 정도로 나빠지고 있었다. 결국 원경 왕후는 1420년 7월 10일, 43일간의 여행을 마치고 눈을 감고 말았다.

세종은 어머니가 돌아가시자 너무 슬퍼 밥도 먹지 못하고 잠도 자지 못하였다. 누구보다 자애롭게 자신을 돌봐 주던 어머니였다. 세종은 그런 어머니가 고통 속에서 눈을 감는 그 모습이 자꾸 떠올라 괴로웠다. 이를 보다 못한 세종의 부인 소헌 왕후 심씨가 간청하였다.

"전하, 오늘 나인이 만들어 온 고기 산적이 참 맛있어 보이옵니다. 한번 드셔 보시지요."

고기 산적은 평소 고기 반찬을 즐겨 먹던 세종을 위해 소헌 왕후가 특별히 준비한 음식이었다.

"생각 없소. 부인이나 많이 드시오."

"전하, 그럼 이 전복죽은 어떠시옵니까? 전복이 살이 올라 아주 먹음직스럽사옵니다."

"생각 없다고 하지 않소. 어머니가 돌아가셨는데 어찌 음식이 목으로 넘어간단 말이오. 나는 먹지 않겠소이다."

한양으로 돌아온 뒤 며칠을 방 안에서 먹지도, 자지도 않던 세종은 무언가 결심을 한 듯 흙바닥에 거적을 깔고 머리를 풀어 헤치며 엎드려 통곡하기 시작했다. 저세상으로 떠나는 어머니의 마지막 길을 위한 것이었다.

해가 서쪽 산마루로 뉘엿뉘엿 넘어가는 저녁이 되어도, 땅거미가 어둑어둑하게 내려앉은 밤이 되어도 세종의 자세는 흔들림이 없었다. 어느새 세종이 깔고 있던 거적이 축축해지기 시작했다. 차가운 밤공기와 이슬 때문이었다. 이를 보다 못한 신하들이 세종의 건강을 걱정하여 깔려 있는 거적이 젖지 않도록 기름종이를 덧대려 했지만 세종은 그마저도 거절했다.

"전하, 옥체를 생각하셔야 하옵니다. 제발 방에 드시어 식사를 하시기를 간청드리옵니다."

"어머니가 돌아가셨는데 내가 어찌 편히 있을 수 있단 말인가? 경들은 과인을 욕되게 하지 마라."

마당에 엎드린 세종의 곡소리는 몇 날 며칠이 지나서도 더욱 커져만 갔다. 그 소리가 어찌나 슬프던지 그 광경을 지켜보던 태종과 신하들까지도 눈물을 흘릴 지경이었다.

이번에는 태종이 직접 나섰다. 세종이 엎드려 있는 곳까지 행차하여 직접 세종의 손을 잡아끌며 방으로 돌아가기를 부탁하였다.

"주상, 주상께서 이리도 슬퍼하시면 하늘에서 이를 지켜볼 어미의 마음이 어떻겠소? 이제 그쯤 하면 되었으니 방으로 들어가 쉬도록 하시오."

"소자는 자식 된 도리로서 그렇게는 못 하겠사옵니다. 어머니의 장례가 끝나기 전까지는 편히 잠을 자지 않겠습니다."

결국 효자 세종은 자신의 고집을 꺾지 않았다. 세종은 어머니 원경 왕후의 장례가 완전히 끝난 후에야 비로소 상복을 벗고 일상의 생활로 돌아갔다. 하지만 세종은 그 후에도 늘 어머니 원경 왕후를 그리워하며 신하들에게 그 마음을 이야기하곤 했다.

5장
인재를 보는 눈, 인재를 쓰는 손

"오늘 또 경연일세."

"지난번에 주상 전하께서 질문하신 내용에 대해선 공부하였는가?"

"말도 마시게. 아니 도대체 시간이 있어야지 원."

"주상 전하께서 항상 공부하시는 것이야 나라의 발전을 위해 좋다지만, 우리야 그저 과거 시험 때를 빼곤 공부할 일이 없을 줄 알았는데, 어찌하여 과거 때보다 공부를 더하네그려."

"지난번 경연 때도 모르는 것을 질문하셔서 아주 진땀을 뺐지 않은가."

"그게 어디 자네만의 일인가? 나도 별 수 없었단 말일세."

"자자, 이럴 것 없이 얼른 공부나 마저 하세."

'경연'이란 왕과 대신들이 학문, 백성의 생활, 정치, 과학 등 다양한 분야를 연구하고 토론하는 자리였다. 경연은 고려 시대부터 있었는데, 그 횟수는 정해진 것이 아니었다. 따라서 왕에 따라 경연을 한 횟수는 차이가 났다. 역사상 가장 많은 경연을 열었던 왕은 세종으로, 무려 2000회가 넘는 경연을 했다. 이를 통해서 필요한 지식을 얻고, 나랏일을 해 나갔다.

세종이 이렇게 경연을 자주 한 이유는 따로 있었다. 그의 마음에 쏙 드는 인재가 부족했기 때문이었다.

"전하, 새로운 영의정으로 박은 대감을 추천하옵니다. 박 대감은 선왕(태종) 시절부터 여러 관직을 두루 거쳐 경험이 풍부하고……."

"박 대감은 아니 되오."

"그 이유를 여쭤 봐도 되겠사옵니까?"

"경은 선대왕 마마의 유언을 벌써 잊은 것이오? '나의 총애를 받은 신하에게 높은 벼슬을 내리지 말라.'라고 하신 그 말씀 말이오."

"생생히 기억하고 있사옵니다. 하지만 그리하시면 새로운 영의정 자리에 오를 인재가 마땅치 않사옵니다."

"그건 그렇소. 짐이 즉위한 지 얼마 되지 않아 나의 마음을 알아주는 신하가 너무 부족하오. 나의 꿈을 함께 이뤄 나갈 인재가 어디 없겠소?"

이렇게 시작된 세종의 고민은 시간이 지날수록 더 깊어져 갔다. 하지만 불현듯 세종의 머릿속을 스치는 생각이 있었다.

"옳거니, 유능한 신하들을 직접 뽑아 함께 공부하면 되겠구나!"

그렇게 해서 세종은 고려 때부터 있었지만 제구실을 하지 못하고 있던 학문 연구 기관 집현전을 바로 세울 결심을 하였다. 세종은 집현전에서 함께 공부할 인재를 뽑기 위해 과거 시험을 실시했다. 집현전을 어떤 기관보다도 중요하게 생각한 세종은 그곳에서 연구를 할 신하를 한 명 한 명 신중하게 골랐다. 대표적인 사람이 바로 신숙주였다.

"이 시험지의 답안은 누가 쓴 것인가?"

세종은 **과거 시험**의 답안을 보며 도승지에게 물었다.

"예, 전하. 신숙주라는 자이옵니다."

"신숙주? 글씨에서 힘이 느껴지는구나. 답안의 내용 또한 매우 훌륭하도다. 도승지가 보기에는 어떠하오?"

"제가 보기에는 다른 사람의 답안이 더 옳다고 생각되옵니다만……."

"허허, 여러 답안 중에 오직 신숙주만이 중국의 고사를 인용하여 답안을 쓰지 않았소? 이는 분명 많은 책을 읽어 그 내용을 이미 충분히 공부했다고 볼 수 있소. 이번 과거 시험에 몇 등을 주면 좋겠소?"

"더 훌륭한 글이 두 장 있사오니…… 3등으로 하시면 어떻겠습니까?"

"그렇게 시행하도록 하시오."

훌륭한 내용과 멋진 글씨로 세종의 눈길을 끈 신숙주는 1438년(세종 20)에 시행된 문과 시험에서 3등으로 급제하였다. 세종은 신숙주에게 벼슬을 주어 집현전에서 연구하게 하였다. 21세 어린 나이에 벼슬을 하게 된 신숙주는 밤을 낮 삼아 열심히 공부하여 세종을 흐뭇하게 했다.

"전하, 밤이 늦었사옵니다. 어서 침소에 드시지요."

"아니다, 궁궐을 한번 살펴봐야겠어. 선대왕께서도 자주 깊은 밤에 주변을 살피셨지. 집현전으로 가자."

"예, 채비하겠사옵니다."

새벽까지 나랏일을 보던 세종은 지친 몸을 이끌고 집현전으로 나섰다.

"집현전에 불빛이 새어 나오는구나. 누가 이 시각까지 공부를 하고 있는 건지 궁금하구나. 들어가 봐야겠다."

집현전 안으로 들어서니 그곳에는 얼마 전 벼슬을 시작한 신숙주가 책을 베개 삼아 잠들어 있었다. 계속 공부를 하다가 잠이 든 모양이었다.

'이렇듯 공부에 빠져 있다니 기특하기 이를 데 없구나. 내가 사람을 허투루 보지 않았어. 새벽 공기가 차니 내 겉옷을 벗어서 덮어 주어야겠군.'

세종은 따뜻한 눈길로 곤히 자고 있는 신숙주를 한참 바라보았다. 그가 올린 과거 시험의 답안이 눈앞에 떠오르는 것 같았다. 세종은 뿌듯한 마음으로 **곤룡포**를 벗어 신숙주에게 덮어 주고 집현전을 나왔다.

다음 날 아침, 집현전에서 눈을 뜬 신숙주는 깜짝 놀랐다.

"책을 읽다가 잠이 들었네……. 그런데 이게 웬 옷이지? 서, 설마…… 곤룡포가 왜 여기에? 주상 전하께서 다녀가셨단 말인가? 이런, 이런."

조선의 과거 시험
조선의 과거 시험은 문관을 뽑는 문과와 무관을 뽑는 무과, 통역관과 서리 등을 뽑는 잡과로 나눠져 있었다. 문과에는 소과와 대과가 있었는데, 소과에 합격하면 조선 최고의 교육 기관인 성균관에 들어갈 자격이 주어졌고, 이후에 대과를 볼 수 있었다.

곤룡포
임금이 입던 정복으로 누런빛이나 붉은빛의 비단으로 지었으며, 가슴과 등과 어깨에 용의 무늬를 수놓았다.

신숙주는 지난밤에 세종이 집현전에 다녀갔다는 사실을 알아채고는 어쩔 줄 몰라했다.

"전하께서 오신 줄도 모르고 자고 있었으니, 내 죄를 어찌할 것인가."

그러나 어깨에 놓인 곤룡포는 공부를 하다 잠든 신숙주를 탓하는 뜻이 아니었다. 오히려 그 반대였다. 곧 그 마음을 알아챈 신숙주는 얼른 옷을 벗어 고이 접어 놓고 세종의 침소를 향해 절을 올렸다.

"전하, 성은이 망극하옵니다."

세종은 과거 시험을 통해서만 인재를 뽑은 것은 아니었다. 사람의 능력에는 여러 가지가 있는 법이다. 세종은 그 사실을 잘 알고 있었다.

"정말 아름다운 글자로구나. 이 글자를 찍은 활자가 무엇이냐?"

세종이 책을 읽던 중에 환한 미소를 지으며 글자를 가리키고는 물었다.

"예, 전하. 이 책이 이번에 주자소에서 새로 만든 활자인 **경자자**로 찍어 낸 책이옵니다."

"그것이 이것이더냐? 정말 훌륭하구나. 계미자에 비해 전혀 비뚤어짐이 없어 책을 읽기가 매우 편하구나. 이런 훌륭한 기술을 갖고 있는 사람이 누구인가? 내 큰 상을 내릴 것이야."

평소에 책을 즐겨 읽던 세종은 앞으로 깨끗한 글씨의 책을 볼 생각에 기뻐하며 말했다.

"예, 전하. 주자소의 이천 대감께서 경자자 개발의 총책임을 맡고 계신 줄로 아옵니다."

"그래, 그럼 가서 이 대감을 불러오거라."

세종의 갑작스런 부름에 이천이 서둘러 어전으로 들어왔다.

"신 이천, 전하의 명을 받아 대령하였사옵니다."

"그래, 대감. 이번에 새로운 활자를 만드느라 고생이 많았소. 내 경자자로 찍어 낸 책을 보다 그대가 생각나서 들라 하였소."

"망극하옵니다. 전하. 신은 한 일이 없고 그저 감독만 했을 뿐이옵니다."

"아니오. 이 조정에서 도대체 누가 그대처럼 정교한 기술을 갖고 있단 말이오? 이번 발명은 만세에 길이 남을 업적이오. 내 특별히 이 대감에게 상을 내리려 하니 원하는 것이 있으면 말씀만 해 보시오."

"부끄럽사옵니다, 전하. 사실 상을 받을 사람은 제가 아니오라 장영실이란 자이옵니다. 그자가 더 큰일을 해냈으니 마땅히 먼저 상을 받아야 할 줄 아옵니다."

"이 대감을 도운 사람이 있단 말이오? 분명 대단한 기술을 가진 사람이겠소. 그자에 대해 좀 더 이야기해 보시오."

장영실은 동래현(지금의 부산)에서 중국에서 온 아버지와 관청에서 일하던 노비 어머니 사이에서 태어났다. 조선 시대에는 어머니의 신분을 자식이 그대로 물려받았기 때문에 장영실 역시 천한 신분이 될 수밖에 없었다. 하지만 어릴 적부터 손재주가 뛰어났던 장영실은 동래현 현감의 추천

경자자
1420년에 활자를 만들던 관청인 주자소에서 만든 두 번째 동활자이다. 첫 번째 동활자인 계미자의 단점을 보완한 것이다.

을 받아 한양까지 올라오게 되었다. 한양에 올라온 장영실은 성벽을 쌓아 올리는 일, 금속을 만드는 일을 했다. 그러다가 태종의 눈에 들어 활자를 만드는 주자소에서 일하게 된 것이다.

이 이야기를 들은 세종은 장영실이란 사람에게 호기심이 생겼다.

'어찌 한낱 노비가 이리도 훌륭한 일을 해낼 수 있단 말인가? 노비라기보다는 마치 어느 훌륭한 장인이 만든 것 같구나. 내 언젠가 장영실을 크게 쓸 날이 올 것 같은 예감이 드는구나.'

세종의 예감은 오래가지 않아 적중했다.

"전하, 해가 나오고 있사옵니다."

"어찌하여 이제야 해가 나오는 것인가? 당장 일식 예보관을 오라 하라!"

"예, 전하."

"일식 예보관 들었사옵니다."

"경은 어찌 계산을 했기에 일식이 예보 시간보다 1**각**이 늦은 것이냐!"

"전하, 저는 그저 **역법**을 따랐을 뿐이온데……."

"변명은 필요 없느니라. 내 너를 곤장으로 다스릴 것이야!"

"전하, 억울하옵니다!"

조선 시대에 일식(달이 해를 가리는 현상)은 불길한 의미를 지녔기 때문에 나라에서는 이런 일을 피하기 위해 일식 때에 맞추어 제사를 지내곤 했다. 그래서 정확한 날짜 계산을 하지 못했을 경우에 예보관이 곤장을 맞는 등 형벌을 내리는 일도 있었던 것이다. 세종은 예보가 틀린 이유를 알아보았다. 일식 예보관의 계산은 맞으나 중국의 역법을 따르고 있어 시각이 틀렸다는 사실을 알게 되었다.

'중국과 조선이 위치가 서로 다른데, 중국의 역법을 따랐으니 정확하게 일식을 계산할 수 없었구나. 조선에 맞는 계산법이 필요하다. 조선의 위치에 딱 맞는 역법을 만들 수 있는 기술자가 누가 있을까?'

그때 세종의 머릿속에는 얼마 전 활자를 만들어 기술을 인정받은 노비 장영실의 이름이 스쳐 지나갔다.

'옳거니. 지난번에 이천 대감이 추천한 주자소의 장영실이 있었지. 내가 이번 기회에 장영실에게 기회를 한번 줘 봐야겠군.'

세종은 장영실이 노비라는 사실을 알고 있음에도 전혀 고민하지 않고 곧바로 사람을 보내 장영실을 불렀다.

"네가 장영실이냐?"

"예, 전하. 소인이 주자소에서 일하고 있는 영실이라 하옵니다."

"들던 대로 손이 야무져 보이는구나. 내가 너에게 시킬 일이 하나 있어 불렀느니라."

"말씀만 하시옵소서. 전하."

각
시간의 단위로, 1각은 약 15분을 가리킨다.

역법
달과 별 같은 천체 운행의 주기적이고 규칙적인 현상으로부터 시간의 흐름을 측정하는 방법. 즉 시간을 구분하고, 날짜의 순서를 매겨 나가는 방법으로, 시간 단위를 정하는 기본이 된다.

"이번에 중국에 가서 천문 관측기구와 시계를 자세히 살피고 오거라. 어찌 만드는지, 겉모습은 어떻게 생겼는지 말이다."

"분부대로 따르겠사옵니다."

이를 지켜본 신하들은 크게 놀랐다. 하찮은 노비가 세종 앞으로 당당히 나온 것도 괘씸한데 세종의 명령을 듣고 중국까지 간다고 하니 말이다.

"전하, 그것은 옳지 않은 말씀이시옵니다. 본디 장영실이란 자는 어미가 관청의 노비인데 어찌 천한 종놈에게 중국에 다녀오란 명령을 하신단 말씀이시옵니까? 부디 다시 한번 생각하여 주시기 바라옵니다."

"그러하옵니다, 전하. 노비에게 이런 대우를 하신다면 어찌 백성들이 양반의 말을 듣겠사옵니까? 부디 명령을 거두어 주시기를 간청드리옵니다."

모든 신하들이 한목소리로 장영실의 출신에 대해 이야기했다. 그만큼 세종의 장영실 등용은 파격적이었다. 사실 조선 시대의 노비는 소 한 마리보다도 못한 존재로 여겨질 만큼 지위가 낮았다. 세종은 그런 노비를 직접 불러 나라의 중요한 일을 맡기려고 하는 것이었다.

세종은 여러 신하들의 의견을 듣고는 혀를 끌끌 차며 이야기했다.

"경들은 하나만 알고 둘은 모르는 것 같구려. 나도 장영실의 출신이 노비라는 것은 잘 알고 있소. 하지만 벌써 그가 주자소에서 공을 세운 일이 여러 번이오. 경들도 모두 장영실이 개발한 활자로 찍어 낸 책을 읽어 보지 않았소? 조선에 장영실과 같은 능력을 가진 기술자가 없는데, 어찌 출신만 가지고 흠을 잡는단 말이오?"

"그렇긴 하오나 전하, 신분이라는 것은 쉽게 바꿀 수 있는 것이 아니옵니다. 장영실은 이미 전하의 성은을 입은 것이 충분한데 어찌 더 큰 책임을 지우려 하시옵니까? 신은 다른 노비들이 이를 핑계로 맡은 일을 게을리할까 두렵사옵니다."

"그럴 일은 없소. 장영실은 우리 조선에 꼭 필요한 인재요. 평범한 노비가 아니란 말이오. 출신이 어떻든 간에 나라에 필요한 인재가 있으면 그 능력에 맞게 등용하는 것이 훌륭한 임금이오. 지금 조선에 장영실만 한 기술자가 없는데, 그 능력을 먼저 살피지 않고 출신을 먼저 따지니 참으로 실망스럽소. 짐은 앞으로도 능력이 뛰어나고 나라에 보탬이 된다면 누구든 등용할 생각이오. 내 이번 일은 장영실에게 맡기려 마음을 먹었으니 경들은 다른 이야기를 하지 마시오. 혹여나 나중에 딴소리를 하는 사람이 있다면 내가 기필코 큰 벌을 내리겠소."

세종은 장영실을 탐탁지 않게 여기는 신하들을 단호히 물리치며 장영실에게 당부하였다.

"중국에 가서 보고, 듣고, 느낀 모든 것을 가져오도록 하라. 이는 우리 조선의 발전에 큰 도움이 될 것이니 나의 말을 절대로 가볍게 여기지 마라."

"예, 전하. 소인의 몸이 부서지도록 열심히 배워 오겠습니다."

세종은 뛰어난 능력이 있으면 그 출신이 어떠했든 반드시 알맞은 자리와 임무를 주었던 왕이었다. 이는 인재의 능력을 정확히 알아보는 눈과 인재의 능력을 무한히 펼칠 수 있도록 도와주는 손에 그 비결이 있었다. 인재를 대하는 열린 태도가 없었다면 세종의 뛰어난 업적은 대부분이 이뤄지지 못했을 것이다.

집현전과 집현전의 학사들

집현전, 조선을 발전시키다

집현전은 고려 시대부터 있던 학문 연구 기관이었으나, 크게 활용되지 않다가 1420년(세종 2)부터 적극적으로 활용되기 시작하여 1456년(세조 2)에 없어질 때까지 조선의 발전에 크게 기여했다. 집현전 학사들은 다양한 분야를 연구하여 책으로 펴냈으며, 제도와 정책도 연구하여 세종 시대의 기술과 문화를 풍부하게 하는 데 큰 도움을 주었다.

세종 때 집현전 건물이었던 경복궁 수정전

당시 집현전에 모인 학사들은 과거 시험에서 가장 우수한 성적을 낸 인재들이었다. 이들은 이곳에 모여 다양한 분야의 학술 서적을 읽고 토론했으며, 이를 바탕으로 보고서를 작성하여 정기적으로 보고했다. 근무 시간은 하루에 14~16시간 정도였다고 한다.

　세종은 집현전 학사들이 궁궐을 벗어나 계속 공부를 할 수 있도록 제도를 만들어 시행하기도 했다. 사가독서라는 제도로, 공부를 하기 위해서 휴가를 준 것이었다. 이 제도를 통해 학사들은 궁궐에서 벗어나 조용한 절이나 경치 좋은 산 등지에서 책을 마음껏 읽고 쉴 수 있었다. 이런 제도 덕분에 집현전 학사들이 학문 연구에만 집중할 수 있는 분위기가 만들어질 수 있었다.

　집현전 학사들의 자유로운 연구 풍토와 연구 실력을 바탕으로 하여 세종 때의 조선은 문화적 발전을 이룩했다. 집현전 학사들은 역사, 천문, 지리, 의학, 병법 등 거의 모든 분야를 연구하고《농사직설》,《삼강행실도》,《향약집성방》 등 많은 책들을 펴냈다.《고려사》 등의 역사책을 펴낸 것은 물론, 조선 초 6대조의 공덕과 조선 왕조의 창업 및 건국 이념을 담은 한글 서적《용비어천가》를 지은 것도 집현전 학사들이었다.

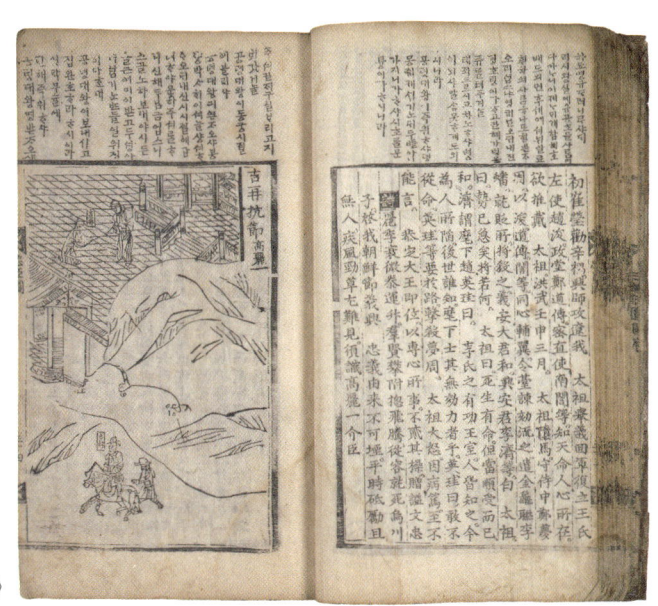

《삼강행실도》

세종의 생각을 읽는 신하, 정인지

정인지는 1396년 정흥인의 아들로 태어났다. 5세 때 한문을 줄줄 외워 읽을 정도로 뛰어난 수재였으며, 19세라는 아주 젊은 나이에 장원 급제를 하였다. 세종은 학문적인 능력이 매우 뛰어난 정인지를 집현전 학사로 등용하였다. 집현전에서 정인지는 모든 분야의 학문에서 모르는 것이 없을 정도로 뛰어난 역할을 하여 37세의 나이에 정2품 벼슬에 오를 정도로 초고속 승진을 하였다. 세종과 함께 수학과 천문학을 공부하기도 했고, 문종을 가르치는 스승이기도 했으며, 새로운 무기를 만드는 일에 참여하기도 하는 등 다양한 분야에서 자신의 재능을 뽐냈다.

정인지의 업적 중에서도 최고로 꼽히는 것은 훈민정음 해설서인 《훈민정음해례본》을 만드는 작업을 주도적으로 이끌었다는 것이다. 그리고 이 책의 서문을 직접 작성하여, 세종이 한글을 만든 뜻과 가치를 오늘날까지 알 수 있도록 하였다.

〈정인지 초상〉

세종이 가장 믿은 신하, 성삼문

성삼문은 1418년에 무관 성승의 아들로 충청도 홍성에서 태어났다. 그가 태어났을 때 하늘에서 "낳았느냐?"라는 목소리가 세 번 들렸다는 설화가 전해진다. 이 설화가 그의 이름인 삼문(三問)의 유래이기도 하다.

성삼문은 1435년 18세 되던 해에 생원시에 합격했고, 3년 뒤인 1438년에 문과에 급제하여 집현전 학사로 발탁되었다. 이후 세종의 지극한 총애를 받아 승진에 승진을 거듭하게 되었다. 25세 때는 사가독서를 받아 박팽년, 신숙주 등과 함께 독서에 열중하기도 했다.

세조(수양 대군)가 단종을 몰아내고 왕위에 오르자, 단종 복위를 꾀하였다가 목숨을 잃은 사육신의 한 사람이기도 하다. 세종이 손자인 단종과 함께 산책을 할 때 집현전 학사인 성삼문과 정인지를 만난 적이 있는데, 이때 세종이 어린 손자를 부탁한 것으로 전해진다.

성삼문 묘

언어학과 외교술이 뛰어났던 신숙주

1417년 공조 참판을 지낸 신장의 아들로 태어난 신숙주는 세종 때 문과에서 3등으로 급제하였고, 젊은 시절부터 학문이 뛰어나 세종의 깊은 신임을 받았다. 집현전 부수찬으로 학문을 연구했고, 특히 언어학에 뛰어났다고 한다. 외교술도 뛰어나 외교 문서 등을 작성하는 직책인 서장관으로 일본, 명나라 등을 다녀오는 공을 세웠다.

이후 세조가 단종을 몰아내고 왕위에 오를 때 단종에 대한 충절을 지켰던 성삼문과는 달리 세조의 편에 서서 높은 벼슬을 지내고 권세를 누렸다.

〈신숙주 초상〉

6장
집념에 창의성을 더하다

다양한 방법으로 인재를 모은 세종은 때가 무르익고 있음을 느낄 수 있었다. 세종의 할아버지 태조 이성계가 나라를 열고 아버지 태종이 조선을 위협하는 적들을 제거했지만 새 나라 조선의 기틀을 다질 만한 문화적 발전은 부족한 것이 현실이었다.

'내가 꿈꾸는 나라는 광활한 영토를 가진 나라가 아니다. 오히려 영토는 작지만 과학과 기술, 문화가 융성한 나라가 더 강한 나라일 것이다.'

이런 생각을 갖고 있던 세종이 가장 먼저 시작한 일은 정확한 일식 시각을 계산하지 못한 역법을 바로잡는 일이었다. 그리고 그 중심에는 세종의 생각을 적극적으로 뒷받침해 주는 집현전 학사들과 이미 10여 년 전에 중국에 다녀와 명나라의 발전된 과학 문물을 직접 몸으로 느끼고 온 장영실이 있었다.

세종은 먼저 기존의 역법에 대해 자세히 알아야겠다는 생각이 들었다. 그 당시에 주로 사용하던 역법은 중국의 선명력과 수시력이었다.

"짐이 생각하기에 중국과 조선은 땅의 위치와 모양이 달라 역법이 정확하지 않을 것이오. 하지만 어떤 방법이 더 정확한지는 알 수 없으니, 두 방법 중 더 정확한 것을 찾아내도록 하시오."

세종은 집현전 학사들에게 숙제를 내 준 뒤 또 다른 사람을 만났다. 바로 장영실이었다.

외로운 달이 덩그러니 떠 있는 깊은 밤, 세종은 침소로 장영실을 불렀다. 장영실의 신분 때문에 호들갑을 떠는 많은 신하들 때문에 혹시나 주눅이 들지는 않았을까 하는 마음에서였다.

"전하, 소인 장영실 부름을 받고 왔사옵니다."

"내가 이렇게 늦은 시간에 너를 부른 이유는 네가 한 가지 해 줬으면 하는 일이 있어서이다."

"네, 전하. 말씀만 하시옵소서. 전하께서 어떤 임무를 주시든 **분골쇄신** 하여 노력하겠나이다."

세종은 장영실의 눈빛에서 강한 의지를 느낄 수 있었다. 그 눈빛은 나라

분골쇄신(粉骨碎身)
가루 분, 뼈 골, 부술 쇄, 몸 신. 뼈가 가루가 되고 몸이 부서진다는 뜻으로, 있는 힘을 다해 노력하는 걸 의미한다.

를 위해 자신의 능력이 쓰인다는 기쁨에서부터 나온 것이 분명했다.

"그래. 참으로 좋은 자세로다. 네게 맡기고자 하는 일은 우리 조선만의 역법을 새로 계산할 수 있는 기구를 만드는 것이다. 그동안 명나라의 역법을 사용해 온 것은 너도 잘 알고 있을 것이다. 하지만 명나라와 조선의 지리적 차이 때문에 오차가 있어 큰 불편함이 있었다. 너는 나의 의지를 따라 이 오차를 없앨 수 있는 기구를 만들어 보도록 하거라."

장영실에게 역법을 계산할 수 있는 기구 제작을 맡긴 후, 세종은 신하들에게 모두가 놀랄 만한 이야기를 꺼냈다.

"그동안 우리 조선은 낡은 제도와 문물 때문에 마치 맞지 않은 옷을 입은 것처럼 불편함을 겪는 일이 많았소. 이제 새 시대를 시작하는 만큼, 과인은 현실과는 맞지 않는 옛것을 고쳐 새로운 조선을 만들 생각이오."

"참으로 지당하신 말씀이옵니다. 전하."

"그 시작으로 새로운 역법을 만들고자 하오. 알다시피 우리 조선은 명나라의 역법을 그대로 사용하여 불편함이 있었소. 과인은 우리 조선이 이번 기회에 명나라와 문화적으로 대등한 위치에 올라서길 바라는 바이오."

많은 신하들은 세종의 이야기를 듣고 표정이 굳어졌다. 혹시라도 명나라 황제의 심기를 건드리게 될까 봐 걱정이 되어서였다.

"전하의 말씀은 매우 지당하십니다. 하오나 대국인 명나라에서 이 일을 가지고 시비를 걸어 오지는 않을까 두렵사옵니다. 또한 아주 오래전부터 중국의 역법을 사용하는 것이 전통처럼 굳어졌는데 이를 바꾸시려는 명분이 어디에 있으신지 궁금하옵니다."

"그러하옵니다, 전하. 명나라는 조선의 건국에서부터 많은 도움을 주었던 은인의 나라이옵니다. 어찌 그 은혜를 잊을 수 있단 말이옵니까? 역법을 새로 만드는 것은 남쪽의 왜구들이나 북쪽의 여진족과 같이 오랑캐의 길을 걷게 되는 일이옵니다."

신하들의 날선 비판을 들은 세종은 깊은 고민에 빠졌다.

'신하들의 이야기도 충분히 일리가 있다. 명분에 얽매여 잘못된 역법을 계속 사용하는 것이 옳을 것인가. 새로운 역법을 만드는 것이 조선을 오랑캐의 길로 이끄는 일인가. 오랑캐라는 것은 무엇인가?'

며칠을 고민하던 세종은 드디어 마음을 정하고 신하들에게 말했다.

"경들의 의견은 충분히 생각해 보았소. 그러나 내가 생각하기에 경들은 너무도 변화를 두려워하는 것 같소. 명나라의 역법이 우리 조선에 맞지 않는 것은 분명한 사실이오. 그 사실을 잘못된 전통과 명분에 휩싸여 무시한다면 조선의 문화는 점점 퇴보할 뿐이오."

세종의 명령이 내려지고 얼마 뒤, 장영실은 정초, 이천, 정인지 등과 함께 조선을 깜짝 놀라게 할 두 개의 발명품을 만들어 냈다. 그것은 다름 아닌 간의와 혼천의였다. 집현전의 학사들은 혼천의와 간의를 이용하여 우리나라 하늘의 움직임을 직접 관찰하고 조선의 정확한 위치를 알게 되었다.

이를 토대로 연구를 거듭한 결과 조선만의 역법을 만들 수 있었다. 바로 이순지, 김담 등이 펴낸 **《칠정산》**이었다. 《칠정산》은 1년을 365.2일로 계산하는 등 현재의 과학 기술과 비슷한 수준의 뛰어난 역법이었다. 더 이상 조선은 명나라보다 뒤떨어진 나라가 아니었다. 간의, 혼천의와 《칠정산》은 명나라와 대등한, 더 나아가 과학적으로 발전한 나라로 발돋움할 수 있는 계기가 되는 발명품이었다.

"전하, 시간이 되었사옵니다. 준비를 하시지요."

새해 첫날의 아침은 언제나 희망에 가득 차 있다. 조선의 새해도 마찬가지였다. 세종은 매년 그래 왔듯이 **종묘사직**에 제사를 올리는 것으로 새해를 시작했다. 당시 종묘에 제사를 지낼 때는 우리의 전통 음악인 향악이 아니라 중국에서 들여온 아악을 사용하고 있었는데 세종은 이를 옳지 않게 여겼다. 음악에 관심이 많고 재능도 있었던 세종은 중국 음악 대신 향악을 발전시켜서 궁중 음악에 사용하고자 하였다.

"아악은 원래 중국 사람들이 자신들에게 익숙하게 만든 것이오. 그러나 우리나라 사람들은 살아서는 향악을 듣고 이 세상을 떠난 뒤 제사를 지낼 때는 아악을 들으니 어찌 옳다고 할 수 있겠소? 또한 중국의 악기와 조선의 악기가 조금씩 달라 소리도 다르니 중국의 아악을 그대로 따르는 것은 크

《칠정산》
우리 역서인《칠정산》은 내편과 외편으로 되어 있다.《칠정산 내편》은 원나라의 역법인 수시력을 한양을 기준으로 고친 것이고,《칠정산 외편》은 아라비아의 회회력법을 연구하여 펴낸 것이다.

종묘사직
종묘는 역대 왕들의 신주를 모시고 제사를 지내는 곳이며, 사직은 토지신과 곡식 신에게 제사를 지내는 곳이다. 조선은 유교식 법도에 따라 궁궐을 중심으로 왼쪽에 종묘, 오른쪽에 사직을 지었다. 종묘사직은 왕실과 나라를 통틀어 이르는 말로도 쓰였다.

게 잘못되었소. 하여 조선에 맞는 새로운 음악을 만드는 것이 좋겠소."

세종은 박연에게 우리 음악에 맞는 악기 만드는 일을 맡겼다.

"전하, 어명을 받자와 남양에서 **경석**을 구해 왔사옵니다."

"그래, 어디 보자. 이것이 경석이구나! 소리를 들을 수 있겠소?"

"예, 제가 한번 연주해 보겠사옵니다."

"음…… 청명한 소리가 나는 것이 편경을 만들기는 좋겠구려. 그나저나 과인이 이야기한 대로 중국의 **음률** 대신 조선만의 음률을 가지고 제작해야 할 것이오."

"알겠사옵니다, 전하."

박연은 세종의 뜻을 받들어 악기 제작에 관여했다. 특히 매년 중국 황제에게 부탁하여 수입해 오던 편경을 직접 제작하는 등 뛰어난 실력을 보였다. 하지만 박연보다 음악적 감각이 더 뛰어난 것은 세종 자신이었다.

"전하, 분부하신 대로 편경이 완성되었사옵니다."

"내가 계속 이른 대로 조선의 음률을 따랐다 들었소."

"예, 그렇사옵니다. 한번 연주해 보겠사옵니다."

박연은 긴장하며 새로 만든 편경을 연주했다.

"과연 박연이로구나. 중국의 편경은 음이 고르지 못한데 경의 편경은 음이 간결하고 아름답소. 다만 과인이 듣기에는 아홉 번째 경석 소리가 약간 높은 듯하오."

"그렇사옵니까, 전하. 한번 확인해 보겠사옵니다."

박연이 듣기에는 별다른 이상이 없어 보였으나, 세종은 음의 차이를 찾아냈다. 박연이 자세히 살펴보고 나서야 문제점이 보였다.

"전하, 아뢰옵기 황송하오나 악공들이 편경을 만들 때에 이 부분의 경석에 먹물이 묻었사옵니다."

"그래? 역시 내가 제대로 듣긴 들은 모양이구려. 속히 수정하여 음을 맞추어 보시오."

"분부대로 거행하겠나이다."

조선의 음률에 맞는 악기를 만들기 위해서는 조선의 표준음을 만드는 일도 필요했다. 제대로 된 악기를 만들기 위해서는 음의 높낮이가 일정해야 한다. 하지만 그때까지는 음의 높낮이의 기준이 되는 표준음 역시 중국의 음을 그대로 모방하여 사용했다. 조선의 새로운 음악이 만들어져야 하는 만큼 조선에 맞는 표준음을 찾아야 할 필요가 있었던 것이다. 세종은 악기 제작과 더불어 이 일도 박연에게 맡겼다. 박연은 밤낮으로 노력하여 조선의 표준음을 낼 수 있는 **율관**을 제작했고, 이를 바탕으로 조선의 음악을 만들어 냈다.

경석
경석은 '옥돌'이라고 불리는 악기의 재료이다. 오랫동안 중국에서 수입해 오던 이 돌이 경기도 남양에서 발견되자 그 경석을 캐내 편경을 만드는 재료로 사용하였다.

음률
음악에 사용되는 음높이의 상대적인 관계를 규정한 것.

율관
음악에 쓰는 율, 즉 기본이 되는 음을 불어서 낼 수 있는 원통형의 관.

1433년 1월 1일 설날 아침, 박연은 긴장되는 표정으로 종묘 한 귀퉁이에 우두커니 서 있었다. 매년 첫날에 세종이 주도하는 제사에 처음으로 박연이 만든 악기가 사용되는 자리였기 때문이었다. 오늘의 제사는 처음으로 중국의 음악이 아닌 조선의 음악으로 진행되었다. 세종의 창의적인 생각과 엄격한 감독으로 만들어진 조선만의 음악이지만 제사에 제대로 사용될 수 있는지는 알 수 없었다. 무엇보다 중국의 음악에 길들여진 여러 동료 신하들이 어떻게 들어 줄지를 생각하니 저절로 가슴이 뛰었다.

쿵쿵쿵. 제례의 시작을 알리는 악기인 축이 연주되었다. 웅장한 음악이 조선의 왕과 왕비의 위패를 모신 종묘에 울려 퍼졌다. 신하들은 처음 듣는 음률에 고개를 갸웃하였지만 이내 좋은 평가를 내렸다.

"이게 전하께서 만드신 향악 중심의 새로운 음악인가 보군."

"그러게 말이오. 처음에는 새로 듣는 가락이 어색하기도 했지만 듣다보니 아주 잘 만들어진 음악 같소이다."

"전하께서 워낙 음악에 관심이 많으시니 어련히 잘 만드셨겠소……. 이를 하나하나 만들어 간 박연 대감도 정말 대단하군요."

"주상 전하와 박연 대감의 노력이 아니었다면 이렇게 훌륭한 음악을 만들 수는 없었을 것이오."

이렇게 세종의 굳은 의지와 창의성, 여러 신하들의 노력으로 우리 고유의 제례 음악이 만들어질 수 있었다.

세종 시대의 위대한 발명품들

혼천의는 별자리의 움직임과 위치를 측정하는 천문 관측기구로서 고도의 과학 기술을 증명하는 발명품일 뿐 아니라, 조선 시대 사람들이 지구가 둥글다는 사실을 이해하고 있었다는 증거가 되기도 한다. **간의**는 이러한 혼천의를 간소화한 것이다.

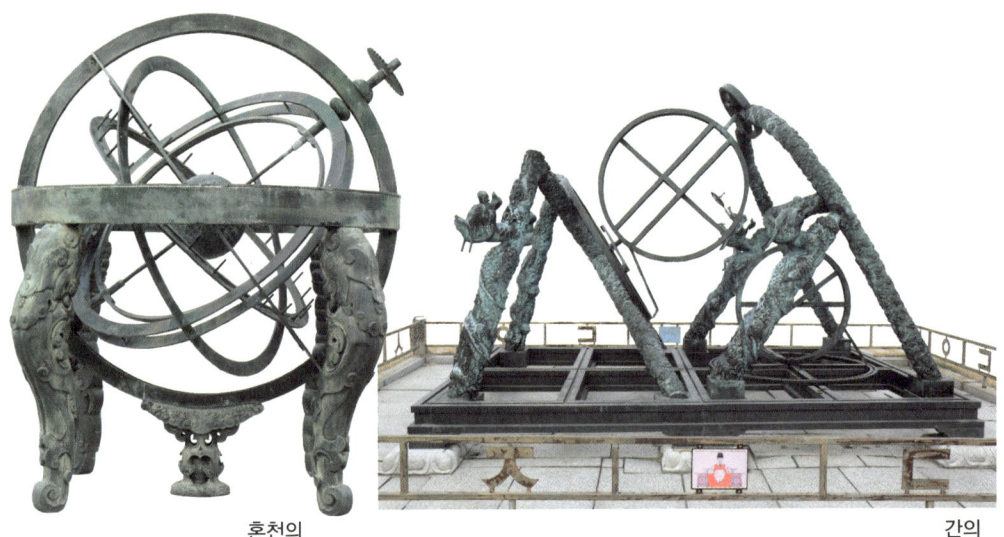

혼천의   간의

자격루

자격루는 일종의 자동 물시계로서, 물이 떨어지면서 장치를 움직여 정확한 시, 경, 점에 따라 종, 북, 징이 각각 정확하게 울리도록 고안한 발명품이다. 이는 중국이나 아라비아의 것보다 훨씬 뛰어난 것으로 알려져 있다.

앙부일구는 해시계로서, 태양의 움직임에 따른 시간뿐 아니라 절기를 같이 알려 주는 기능이 있다. 1434년(세종 16)에 만들어져 행인들이 쉽게 시간을 알 수 있도록 종묘 남쪽 거리와 혜정교(지금의 서울 광화문 우체국 앞)에 세워 두었다.

앙부일구

편경은 돌로 만들어진 악기로, 고려 때인 1116년에 송나라에서 처음 우리나라로 수입되었다. 그 후 경기도 남양에서 편경의 재료가 되는 경석이 발견되어 박연이 만들었다. 편경은 돌로 만들어지기 때문에 추위와 습기에 강하여 변형되는 일이 없었다. 그 때문에 편경의 음이 모든 악기의 기준음이 되었다.

편경

측우기는 1441년(세종 23) 발명된 세계 최초의 강우량 측정 기구로, 대나무 자로 측우기에 고인 물의 깊이를 재어 비의 양을 알아냈다. 측우기를 사용하기 이전에는 비가 오면 흙에 있는 물의 양을 측정했으나 흙의 성질에 따라 물의 스며듦이 제각각이어서 정확한 비의 양을 재기가 어려웠다. 측우기는 문종이 세자 시절에 고안하고 제작은 장영실이 한 것으로 추측하고 있다.

측우기

7장
조선을 깨우는 스물여덟 자

"전하, 긴히 아뢰올 것이 있사옵니다."

"무슨 일이길래 그렇게 심각하게 이야기하는고? 한번 이야기해 보시오."

"진주에서 김화라는 자가 제 아비를 죽였다고 하옵니다."

"뭐라? 자식이 아버지를? 그런 일이 있었단 말이오? 어찌 조선 천지에 이렇듯 끔찍한 일이 벌어진단 말이오!"

세종은 자신이 다스리는 조선에서 흉악한 범죄가 벌어지자 자신의 책임인 것 같아 마음이 아팠다.

"이 문제를 어찌 처리하면 좋을꼬? 각자 의견들을 내 보시오."

세종이 주위의 신하들에게 의견을 물었다.

"전하, 이는 사람의 도리를 벗어난 죄이므로 극형에 처하는 것이 옳을 줄로 아옵니다."

"그렇사옵니다, 전하. 만백성이 삼강과 오륜에 따라 마땅히 해야 할 것이 효도인데, 조선의 법도를 어지럽힌 김화라는 자를 크게 벌하심이 마땅한 줄로 아옵니다."

"경들의 이야기를 듣고 보니 이번 일을 엄히 처벌하여 다시는 이런 일이 없도록 하는 것이 옳은 것도 같소. 하지만 어찌 그것이 김화만의 잘못이겠소? 이 모든 것은 전부 과인이 부덕한 탓이라는 생각이 드는구려."

"아니옵니다, 전하. 충성을 다해 백성들을 살피지 못한 소신들의 불충의 죄가 더 크옵니다."

"아니오. 백성들이 이렇듯 법도를 어기고 범죄를 저지르는 까닭은 배움이 부족해서일 것이오. 백성들을 가르칠 방도를 찾아내야 할 것이오."

세종은 백성들이 잘못을 저지른 것이 마땅히 지켜야 할 도리인 **삼강오륜**에 대해 충분히 알지 못하여 그런 것이라고 생각했다.

"좋은 생각이 있소. 각 고을을 돌아다니며 충신, 열녀, 효자에 대한 이야기를 많이 모아 오도록 하시오. 그리고 그것을 백성들이 이해하기 쉽게 글과 그림을 실은 책으로 만들면 백성들이 삼강오륜의 법을 잘 알고 실천하지 않겠소? 경들은 어서 이 책을 만들어 나누어 줄 준비를 하시오."

삼강오륜
유교의 도덕에서 기본이 되는 세 가지의 강령과 지켜야 할 다섯 가지의 도리. 군위신강, 부위자강, 부위부강과 부자유친, 군신유의, 부부유별, 장유유서, 붕우유신을 통틀어 이른다.

"예, 전하. 분부대로 따르겠나이다."

세종은 백성들을 엄하게 벌주는 것보다는 가르침을 통해서 자연스럽게 삼강, 즉 부모와 자식 사이의 도리, 임금과 백성 사이의 도리, 부부 사이의 도리를 지킬 수 있도록 하기 위해 책을 만들라고 지시했다. 그것이 바로 집현전 부제학 설순을 중심으로 만들어진 《삼강행실도》이다.

하지만 그 이후 경기도의 어느 관아에서 큰 소동이 일어났다.

"사또, 쇤네가 무슨 잘못을 했기에 이리도 매질을 하시옵니까?"

"시끄럽다. 너는 저잣거리에 붙인 주상 전하의 어명을 보지 못한 것이냐? 틀림없이 이를 어기면 어찌 되는지 알면서 그런 짓을 했을 터, 너를 벌줘 다른 백성들의 본보기로 삼겠다."

"쇤네 같은 촌무지렁이가 어찌 글을 알겠습니까요. 책을 보았지만 그림만으로는 무슨 뜻인지 자세히 알 수도 없고……. 모르고 한 일이니 한 번만 봐 주십시오."

"아니, 글을 모르는 것이 자랑이더냐? 여봐라, 저자를 매우 쳐라!"

세종이 《삼강행실도》를 각 고을에 보내고 난 뒤, 조선 곳곳에서 이런 일이 자주 일어났다. 일반 백성들은 한문을 몰라 그림만으로는 정확한 의미를 알 수 없어, 고을의 규칙을 종종 어겼기 때문이다. 한문을 모르는 사람들에게는 그림보다 더 정확하고 한문보다 더 쉬운 무언가가 필요했다.

'백성들이 글자를 알지 못하여 큰 불편을 겪고 있었구나……. 이 기회에 백성들이 쉽게 사용할 수 있는 글자를 만들어야겠다.'

인류 역사상 가장 위대한 발명이 시작되려는 순간이었다.

새로운 문자를 위해 고민하던 세종이 가장 먼저 시작한 일은 한자를 우리말처럼 표현한 **이두**를 공부하는 일이었다.

"도승지는 서가에 가서 이두가 사용된 책을 찾아 대령하시오."

세종은 밤낮없이 이두 공부에 몰두했다. 그렇게 몇 달이 지나자 이두에 대한 기초적인 원리를 알 수 있게 되었다. 하지만 당시 조선에 있던 책만으로는 그 의미와 원리를 완벽하게 이해할 수 없었다. 그래서 집현전 학사를 불렀다.

"여봐라, 김 내관. 밖에 있느냐."

"예, 전하."

"내일 정인지가 중국에 간다지?"

"예, 전하."

"지금이 조금 늦은 시각이기는 하나, 아마 학사들은 아직도 집현전에서 공부를 하고 있을 게야. 김 내관은 정인지를 조용히 불러 내 침소로 데려오거라. 절대 다른 사람의 눈에 띄어서는 아니 될 것이야."

"명을 받들겠사옵니다."

곧 세종이 가장 믿는 신하, 정인지가 들어왔다.

"전하, 신 정인지 들었사옵니다."

이두
신라 시대 설총이 지었다고 전해지는 문자이다. 한문의 음과 뜻을 우리말처럼 표현한 글자로, 훈민정음 창제의 기반이 되었다.

"어서 안으로 드시오."

"전하, 어인 일이시옵니까?"

"내 경에게 긴히 부탁할 것이 있어 불렀소. 이번 중국에 다녀오는 길에 글자의 소리를 설명해 주는 운서를 몇 권 구해 주어야겠소."

"운서라 하시면?"

"자세한 것은 묻지 말고 일단 구해다 주면 될 것이오. 내 알아야 할 내용이 있소."

"명을 받들겠사옵니다. 전하."

어렵게 중국의 귀한 책을 손에 쥔 세종은 다시 밤낮으로 공부를 시작했다. 세종은 이미 건강이 나빠지고 있었지만 새로운 글자의 개발이 백성들의 생활에 도움이 될 것이라는 생각에 노력을 멈추지 않았다.

"전하, 도승지 안숭선 대감께서 상소문을 가지고 왔사옵니다."

"오, 벌써 시간이 그렇게 되었느냐? 들라 하라."

세종은 읽던 책을 옆에 두고 자세를 고쳐 앉았다.

"전하, 신 안숭선 오늘 올라온 상소문을 가지고 왔사옵니다."

"어디 보자, 요즘 경들이 상소문의 글씨를 너무 작게 쓰는구려. 아무래도 알아보기 쉽게 큼직큼직하게 써 달라고 부탁을 해야겠소."

세종의 푸념을 듣던 안숭선은 깜짝 놀라 물었다.

"전하, 혹시 어디 편찮으신 것이옵니까? 당장 어의를 부르겠사옵니다."

"그럴 필요는 없소. 그냥 눈이 좀 침침해서 그러니 이리 와서 상소문이나 읽어 주시오."

세종은 그렇게 한참 동안 안숭선이 읽어 주는 상소문을 들으며 나랏일을 상의했다.

"휴, 이제야 겨우 끝이 났군. 읽느라 고생했소, 도승지. 이제 내가 급히 읽어야 할 책이 있으니 도승지는 이만 퇴궐하시오."

세종의 건강이 걱정된 안숭선이 머뭇거리며 말했다.

"전하…… 책을 읽으시는 것도 좋지만…… 옥체를 보전하셔야 하옵니다. 그만 쉬시는 게 어떻겠사옵니까?"

세종이 빙긋 웃으며 대답하였다.

"도승지께서 내 건강을 걱정해 주시니 참으로 고맙구려. 하지만 몸이 고단하다고 어찌 쉴 수 있겠소? 너무 걱정하지 마시오."

세종의 이런 밤낮 없는 노력의 결과, 1443년 12월 우리 민족의 글자 훈민정음이란 열매가 열렸다. 한글이 만들어진 순간이었다. 자음 17자, 모음 11자, 모두 28자로 이루어진 훈민정음은 누구나 쉽게 배울 수 있는 편리하고도 과학적인 글자였다. 백성들이 편히 문자 생활을 하게 하려는 세종의 꿈이 이루어진 듯했다.

하지만 대다수의 신하들은 세종의 꿈을 이해하지 못했다. 조선의 양반들은 많은 공부를 하여 한문을 알고 있다는 것을 무기로 백성을 다스려 왔기 때문에 백성들이 글자를 익히게 되면 이전처럼 마음대로 할 수 없을 것이라는 두려움이 있었기 때문이었다. 또한 당시에는 한자를 두고 다른 글자를 쓴다는 것은 대국으로 섬기던 중국을 따르지 않겠다는 뜻으로 받아들일 수도 있다는 걱정이 있었다. 세종이 훈민정음 반포 이유를 설명하자 많은 신하들이 상소를 올려 그 뜻을 꺾으려 하였다.

"전하, 어찌 **중화**의 흐름을 버리고 한낱 오랑캐의 나라가 되고자 하십니까. 소인의 청을 굽어살피시어 문자 창제를 거두어 주시옵소서."

"전하, 통촉하여 주시옵소서. 문자를 창제하는 일은 그 자체로 중국에 빌미를 주는 것이고, 그리하여 백성들이 오히려 고통을 받게 될 것이옵니다. 또한, 오랫동안 사용하였던 한자를 버리고 문자를 새로 갖는 것은 성리학과 유교를 숭상하며 건국한 우리 조선이 중화를 버리고 오랑캐의 나라가 됨을 스스로 인정하는 꼴이 되는 것이옵니다. 어찌 천년을 지켜내야 할 종묘와 사직을 버리려 하시옵니까?"

"그게 무슨 가당치도 않은 소리란 말이오! 내 나라 조선은 비록 영토는 좁으나 예로부터 중국과 문자도, 말도, 풍속도 달랐소. 조선은 중국과 같은 나라가 아닌 것이오! 비록 지금 나라의 힘이 미치지 못하여 군신의 예를 맺으며 지내는 것이 어쩔 수 없는 도리이긴 하나, 그렇다고 해서 우리가 어찌 눈치나 보면서 지내야 한단 말이오!"

세종은 중화만을 고집하는 신하들을 보며 화가 났다. 그 모습은 평소 다른 사람의 의견에 귀를 잘 기울이고 신하들의 의견을 최대한 들어주던 모습과 사뭇 달랐다.

"나는 언젠가 우리 백성들이 떳떳하게 기를 펴고 중원을 호령할 날을 기다리고 있소. 마치 저 옛날 고구려 백성들이 그리했던 것처럼 말이오. 우리 백성들이 바른 글과 말로써 서로 어울릴 수 있다면 내 꿈도 멀지 않은 일이 될 것이오."

하지만 신하들은 세종의 마음도 모르고 끊임없이 상소를 올렸다. 그만큼 당시에 세종의 생각은 신하들에게 충격이었다. 하지만 세종은 그 뜻을 끝내 굽히지 않았다.

"전하, 전하의 생각은 지당하시옵니다. 하지만 전하께오서 만드신 문자가 이미 널리 사용되고 있는 이두와는 조금 달라 오히려 백성들의 생활을 어지럽게 할까 걱정이옵니다."

"경의 걱정도 일리가 있소. 하지만 과인이 조선과 중국의 운서를 여러 권 공부한 결과 이두보다 훨씬 발전한 문자가 훈민정음이오. 경은 우리말의 소리가 목구멍 어느 부분에서 나오는지 아시오? 입술이 마주치면 어떻게 되고, 어금니 사이를 지나면 어떻게 되는지 아냔 말이오. 내가 만든 이 문자는 그런 모습을 닮은 문자요."

세종은 거센 반대를 하는 신하들과 토론을 하며 하나하나 물리치고 뜻을 이뤄 나갔다. 생각한 것을 반드시 이루고자 하는 노력 덕분이었다. 결국 신하들도 훈민정음을 인정하지 않을 수 없었다. 세종은 훈민정음을 창제하고 3년 뒤인 1446년 반포하였다.

훈민정음을 반포하면서 훈민정음의 원리와 쓰임을 해설한 《훈민정음해례본》을 함께 펴냈다.

중화
세계 문명의 중심이라는 뜻으로, 중국 사람들이 자기 나라를 이르는 말. 주변국에서 중국을 대접하여 이르는 말로도 쓰인다.

훈민정음이 반포되자 많은 사람들이 편리하게 문자 생활을 할 수 있게 되었다. 특히 한자가 어려워 글을 배우지 못했던 백성들과 여자들이 큰 혜택을 입었다.

"마님, 막내 따님께서 편지를 보내오셨습니다."

"오오, 편지를 말이더냐? 막내가 시집가고 나서 통 소식이 없어 걱정이 되었는데 정말 반가운 이야기로구나. 얼른 가져와 보아라. 음… 그래그래, 잘 지내고 있구나. 돌아오는 추석 때 놀러온다고?"

"마님, 정말 행복해 보이십니다."

"그걸 말이라고 하느냐? 그동안 엄두도 못 내던 편지를 읽을 수 있게 되지 않았느냐? 이게 다 한양의 전하께서 만드신 훈민정음 덕분이구나."

세종이 꿈꾸던 조선은 모든 백성들이 편리하게 사는 나라였다. 그 목표를 위해 오랜 세월 동안 밤을 낮 삼아 공부하고 고민하며 지냈던 것이다. 그 과정에서 많은 신하들의 반대가 있었지만 목표를 이루고자 하는 세종의 성격이 모든 어려움을 극복할 수 있게 해 주었다. 이제 백성을 위한 글자, 훈민정음의 발명으로 세종의 꿈은 빛나는 업적이 되어 조선이라는 나라를 환히 비추게 되었다. 그리고 그 빛은 500여 년이 지난 지금까지도 찬란히 우리 곁을 비추고 있다.

역사 한 고개

과학적인 문자, 한글

한글, 즉 훈민정음은 '백성을 가르치는 바른 소리'라는 뜻을 갖고 있다. 한글은 그 아름다운 뜻만큼이나 오늘날 세계인들에게 뛰어난 과학성을 인정받고 있으며, 디자인의 아름다움까지 주목받고 있다.

한글은 세계에서 유일하게 창제 원리를 가지고 있는 문자이다. 한글의 자음은 발음 기관의 모양을 본떠서 만들어졌다. ㄱ은 발음을 할 때 혀뿌리가 목구멍을 막는 모양을 본떴으며, ㄴ은 혀끝이 입천장에 닿는 모양을, ㅁ은 다물어진 입술의 모양을, ㅅ은 이빨의 모양을, ㅇ은 목구멍의 모양을 따라 만든 것이다. 이러한 자음에 획을 더하거나 자음을 겹쳐 써서 새로운 자음을 만드는데, ㄱ에서 ㄲ, ㅋ이, ㄴ에서 ㄷ, ㄹ이, ㅅ에서 ㅈ, ㅊ이, ㅁ에서 ㅂ, ㅍ이, ㅇ에서 ㅎ이 만들어진 것이다.

모음에는 우주의 만물을 담는 창제 원리가 담겨 있다. ·는 하늘, ㅡ는 땅, ㅣ는 사람을 각각 상징하고 있는 것이다. ·, ㅡ, ㅣ를 기본으로 하여 ·가 ㅡ 또는 ㅣ의 위나 아래, 왼쪽 또는 오른쪽에 오느냐에 따라 모음의 모양과 소리를 달리했다. 그리하여 ·, ㅡ, ㅣ, ㅗ, ㅏ, ㅜ, ㅓ와 같은 기본 모음이 만들어진 것이다.

혀의 모양, 입술의 모양, 그리고 목구멍의 모양을 본떠 기본 글자인 다섯 개의 자음(ㄱ, ㄴ, ㅁ, ㅅ, ㅇ)을 만든 후 여기에 획을 추가하는 방식으로 나머지 자음들을 만들어 낸 것과, 천, 지, 인(·, ㅡ, ㅣ)을 기본으로 하여 덧붙이는 방식으로 모음을 만들어 낸 것은 한글만의 독창성과 우수성이 드러나는 예라고 할 수 있다.

훈민정음 자음 창제 원리

또한 한글은 자음과 모음을 좌우, 상하, 좌우하, 상중하 등으로 합하여 모아 쓸 수 있어서 더 쉽게 배울 수 있는 글자이기도 하다. 이렇게 글자를 만들면 사람의 발음 기관에서 나는 소리뿐 아니라, 동물의 울음소리, 바람 소리 등 자연의 소리들까지 한국어 말소리는 모두 표현하여 적을 수 있다.

뛰어난 문자를 만들어 낸 세종은 한글을 바탕으로 하여 다양한 백성들의 이야기, 노래, 각 지방별로 다양하게 쓰이는 사투리와 토박이말까지 모두 연구하도록 함으로써, 한글이 백성들의 삶 속에 온전히 녹아들 수 있도록 노력했다.

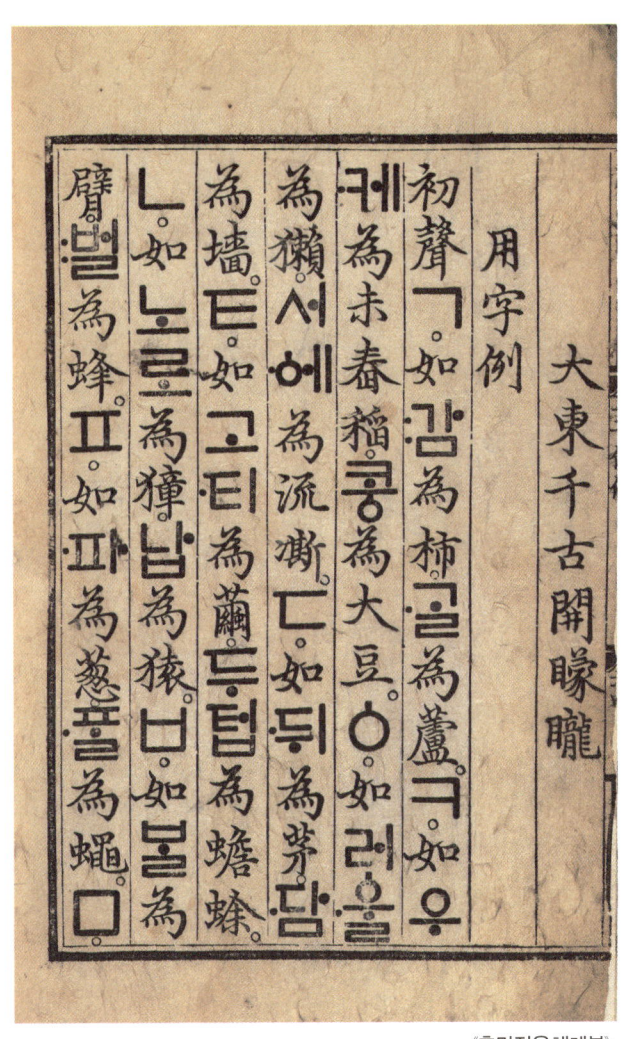

《훈민정음해례본》

8장
허물은 감싸고, 능력은 깨우고

"전하, 제가 목숨을 걸고 한마디 하겠나이다."

모든 신하들이 모여 나랏일을 의논하는 아침 조례 시간, 모두가 숨을 죽이며 세종의 이야기를 듣는 이 시간에 **사헌부** 관리 하나가 무엇인가 결심을 한 목소리로 말하였다. 이 관리의 갑작스런 행동에 모든 신하들이 긴장하기 시작했다.

사헌부는 신하들의 잘못된 행동을 밝혀 왕에게 말씀드리고 조정의 기강을 바로잡는 중요한 자리이다. 신하들은 옷매무새를 가다듬고 혹시나 자신이 잘못한 것이 있는지 생각하기 시작하였다.

"하고 싶은 말이 무엇이오?"

세종은 짐작한 바가 있는지 알 듯 모를 듯한 미소를 띠며 대답했다.

"영의정 유정현 대감이 돈을 빌려준 뒤 지나치게 이자를 높게 받아 많은 사람들이 억울하게 고통을 받았사옵니다. 이는 재상의 자리에 어울리지 않는 행동이오니 즉시 관직을 박탈하심이 옳을 것 같사옵니다."

이 이야기를 들은 신하들은 모두 깜짝 놀랐다. 모든 신하들 중 가장 높은 자리인 영의정의 잘못을 공개적으로 이야기하고 있기 때문이었다.

하지만 세종은 여전히 침착한 태도로 대답했다.

"그것이 무슨 이야기인지 자초지종을 차근차근 설명해 보시오."

"네, 그 자초지종은 이러하옵니다."

"영의정 대감, 누가 대감을 찾아왔사옵니다."

늦은 밤, 명상에 잠긴 유정현은 갑작스런 손님의 방문에 기분이 언짢았다. 하지만 손님을 내치는 일은 양반의 법도에 어긋난다는 생각에 자세를 고쳐 앉고 말했다.

"들라 하라."

유정현을 찾아온 사람은 판부사를 지낸 정역의 노비였다.

"나리, 급히 돈을 좀 빌릴 수 있을까 하여 찾아왔사옵니다."

정역의 노비는 찾아온 이유를 설명했다.

"돈을 말이냐? 어디에 쓰려고 하는지 물어도 되겠느냐?"

사헌부
사헌부는 조선 시대의 관청 중 하나이며 관리들을 감시하여 부정을 적발하는 역할을 맡았다.

유정현은 거만한 말투로 노비에게 물었다.

"보릿고개가 들어 곡식을 살 돈이 부족하여 그리되었습니다. 가을 추수가 끝나면 이자를 쳐서 갚겠다고 약조를 드리겠사옵니다."

"하하, 그래그래. 어려울 때 서로 돕고 지내는 건 아름다운 일이지. 여봐라, 가서 필요한 만큼 내주도록 하여라."

유정현의 아들인 유정은 아버지의 말씀에 따라 정역의 노비에게 돈을 내주며 이야기했다.

"반드시 가을이 되면 갚아야 한다. 만약 갚지 않는다면……."

"여부가 있겠사옵니까, 나리. 이자까지 두둑이 쳐서 갚겠사옵니다."

그로부터 몇 달이 지나 가을이 되었으나 정역의 노비는 빚을 갚을 수 없었다. 공교롭게도 그해 가을에 흉년이 들었기 때문이다.

"아들아, 정역 대감의 노비에게서 기별이 있었느냐?"

유정현은 돈을 갚기로 한 날짜가 지나자 아들을 불러 물었다.

"아닙니다, 아버님. 아무런 기별이 없어 그렇지 않아도 한번 찾아가 보려 하던 참이었습니다."

"이는 분명히 갚을 돈이 준비가 안 돼서 그러는 것일 게다. 그래도 우리가 손해를 볼 수는 없으니 돈을 받기는 받아야 할 터인데……. 정역 대감 노비의 집에 가서 돈이 될 만한 것은 모조리 가져오너라."

그날로 유정은 건장한 노비 몇 명과 함께 정역의 노비 집으로 찾아갔다.

"돈을 빌렸으면 갚아야 하지 않느냐? 네가 분명 며칠 전까지 돈을 갚겠다고 하지 않았느냐?"

"아이고, 나리…… 며칠만 더 말미를 주시면……."

"여봐라, 이 집에서 돈이 될 만한 것은 모조리 들고 나오너라."

유정 일행은 노비의 집에 있던 숟가락, 젓가락은 물론이고 심지어 무쇠솥까지 모두 들고 가 버렸다.

이 이야기를 전해 들은 정역은 매우 화가 났지만 그보다 더 화가 난 사람은 바로 정역의 사위였던 세종의 둘째 형, 효령 대군이었다. 효령 대군은 당장 유정현의 아들 유정을 불러 호통을 쳤다.

"네 아비의 지위가 신하들 중 가장 높은 영의정에 이르러 나라에서 받는 월급이 적지 않고, 주상 전하의 뜻을 이어받아 백성이 잘 살게끔 도와주어야 하는 것이 마땅하다. 그러나 가난한 노비의 솥까지 빼앗아 가니 과연 그 행동이 옳다고 할 수 있는 것이냐? 당장 되돌려 놓지 않으면 임금께 아뢸 것이니 너는 돌아가 너의 아비에게 똑똑히 전하거라."

자초지종을 전해 들은 세종은 여전히 알 듯 말 듯한 표정으로 가만히 있었다. 사헌부 관리는 말을 이어 나갔다.

"이뿐만이 아니옵니다. 평소 유정현 대감은 심히 인색하여 집 앞에 있는 과일나무의 작은 과일까지도 모두 시장에 내다 팔아 큰 이익을 얻고 있사옵니다. 심지어 백성들 사이에서는 '비록 죽을지언정 영의정의 돈은 빌려 쓰지 않겠다.'라는 이야기까지 퍼져 있는 상황입니다."

조용히 듣고만 있던 세종이 드디어 입을 떼었다.

"그래서, 유정현 대감을 어찌하자는 말이오?"

"유정현 대감을 당장 파면시키고 그 죄를 엄히 물어야 한다고 생각하옵니다."

세종은 그렇게 생각하지 않았다.

"그대의 주장은 참으로 이치에 맞는 것 같소. 모름지기 사헌부라는 위치는 다른 신하들의 옳고 그름을 명백히 하는 자리이기 때문이오. 하지만, 나라의 일을 처리함에 있어서는 조금 다르다고 생각하오. 억지로 남의 잘못을 찾아내는 것은 소인배나 하는 짓이며, 나랏일을 하는 바른 도리는 아닐 것이오. 또한 그렇게 허물을 찾다 보면 진실로 아름다운 사람이 누가 있겠으며, 혹여나 있다고 하더라도 나랏일에 적합한 능력을 갖고 있다고 할 수 있겠소? 비록 영의정의 허물이 가볍지는 않으나 그의 맡은 일 역시 가볍지 않으니 이번 일을 계기로 다시금 행동을 가다듬게 하되 파면을 시키지는 않겠소."

여러 신하들 사이에서 식은땀을 흘리고 있던 유정현은 안도의 한숨을 내쉬었다. 자신의 잘못이 많은 사람들 앞에서 밝혀져 창피하기도 했지만 이를 너그럽게 덮어 주는 세종 덕분에 큰 벌을 받지 않게 되었기 때문이다.

'주상 전하께서 내 잘못을 덮어 주시니 큰 곤경에서 벗어났구나. 지금까지 내가 너무 인색하게 굴었던 것 같군. 이제부터라도 백성들을 위해 봉사하는 영의정이 되도록 노력해야겠다.'

그 뒤로 유정현은 백성을 위하는 마음으로 나랏일을 처리하여 큰 존경을 받았다.

그렇다고 세종이 무턱대고 잘못을 덮어 주기만한 것은 아니었다. 세종

은 다른 사람의 허물을 들춰내기보다는 감싸 주는 것을 좋아했지만 나랏일을 위해서는 엄히 다스릴 때도 있었다. 하지만 벌을 내릴 때도 공을 세워 자신의 잘못을 바로잡을 기회를 주었다.

이번에는 세종이 아끼는 신하인 집현전 학사 권채가 구설수에 휘말렸다. 권채의 시중을 들던 여자 노비 덕금을 그의 부인이 오랜 시간 동안 창고에 가둬 놓고 매질을 한 것이 드러났기 때문이다.

사건을 전해 들은 세종은 고민에 빠졌다. 굳이 따지자면 권채의 잘못은 없다고 볼 수 있지만 유교의 법도에서는 집안의 질서를 바로 세우지 못한 죄가 있었기 때문이다.

"권채가 집안 단속을 잘못하여 어려움에 빠졌구나. 그 능력이 아깝긴 하지만 선비가 가족의 화목을 먼저 챙기지 못하면 큰일 또한 할 수 없는 법이니 이번에는 나조차도 어쩔 수가 없도다."

세종은 권채를 파면시키고 집에서 반성하도록 하는 벌을 내렸다. 하지만 그 벌은 오래가지 않았다. 권채의 재능을 아깝게 여긴 세종이 그를 다시 불렀기 때문이다.

"그동안 반성을 좀 하였소?"

"예 전하. 소신이 부족하여 전하께 큰 걱정을 끼쳐 드렸사옵니다."

"그래, 내가 경에게 중요한 임무를 줄 터이니 지난날의 잘못을 이번 일로 갚도록 하시오."

세종은 권채에게 과거 제도를 보완하는 방법을 연구하는 일을 맡겼다. 이미 한 번 잘못을 저질러 마음에 짐이 있었던 권채는 힘이 닿는 데까지 세종이 맡긴 일을 연구했다. 그 결과 기존의 과거 제도에서 채점자를 미리 알 수 있어 공정하게 채점이 이루어지지 않았던 폐단을 고칠 수 있었다.

"전하, 과거 시험은 공평하게 채점되어야 더 많은 인재가 등용될 수 있을 것이옵니다."

세종 앞에서 권채가 조심스런 목소리로 말씀을 올렸다. 이를 지켜보던 세종은 기쁜 마음으로 대답하였다.

"그래. 그동안 고민을 많이 한 모양이구려. 그것이 바로 내가 원하는 바이오. 경이 이번에 큰 공을 세웠소."

"망극하옵니다, 전하. 모두 전하께서 저의 잘못을 덮어 주셨기 때문이옵니다."

"사람은 누구나 잘못을 할 수 있는 법이오. 그러나 그 잘못을 거울삼아 더 훌륭한 일을 한다면 그 역시 아름다운 일이 아니겠소? 경들도 사소한 실수를 탓하여 그 능력을 어둡게 하는 일이 없도록 하시오."

이렇듯 세종은 신하들의 허물은 감싸고 능력은 깨워 주는 지도자였다.

세종의 명재상들

황희

세종이 가장 신임했던 신하 황희는 알려진 것과는 다르게 청렴하기만 한 인물은 아니었으나, 인재를 보는 눈과 정치적인 균형 감각을 잘 갖추어서 세종을 도와 조선을 잘 경영해 나갔던 사람이다.

황희는 1363년 개성에서 태어났다. 황희가 벼슬을 시작할 당시 고려 왕조는 혼란을 겪고 있던 시기였다. 결국 이성계가 새 나라 조선을 건국하자 황희는 고려의 다른 충신들과 함께 벼슬을 버리고 떠났는데, 조선의 관리들이 이들을 찾아 나서서 설득하여 다시 돌아오게 하였다. 그 후 태종 때에 이르러 중요한 벼슬을 맡으며 승승장구하게 되었다.

황희의 업적 중 가장 중요한 것은 종모법 대신 종부법 시행을 주장한 일이다. 종모법이란 어머니의 신분이 노비일 경우 자식도 노비가 되는 법이었다. 그러나 황희가 주장한 종부법은 어머니의 신분과 관계없이 아버지가 양인일 경우 자식이 양인이 되는 제도였다. 종부법이 시행되면서, 많은 사람들이 노비의 신분에서 벗어나 양인이 되었다.

세종 때에는 영의정으로 오랫동안 일하면서 왕을 도와 다양한 업무를 맡았다. 특히나 세종은 황희를 훌륭한 신하로 여겼기 때문에, 사위의 살인 사건에 연루되기도 하고 뇌물을 받았다는 혐의를 받는 등 주변에서 끊임없이 사건이 터졌음에도 불구하고 황희를 계속 감싸 주며 등용하였다.

맹사성

맹사성은 1360년 온양에서 태어났다. 맹사성의 아버지 맹희도는 효심이 지극하기로 유명한 선비였으며, 고려 왕조가 위태로워지자 벼슬을 버리고 고향인 온양으로 돌아가 다시는 벼슬에 나오지 않았을 정도로 절개가 뛰어난 사람이었다. 이러한 아버지의 성품을 물려받은 맹사성 역시 세종 시대에 조선을 대표하는 명재상이 되었다.

맹사성은 1386년 과거에 급제하여 벼슬길에 처음 올랐다. 태조 때는 별다른 활약을 보이지 못하다가 2대 왕 정종 때에 이르러 왕에게 정치 발전을 위한 다섯 가지 조목을 만들어 올리는데, 이 중 두 가지가 실제로 시행되는 성과를 올렸다. 이때 태종의 눈에 띄어 지금의 비서에 해당하는 동부대언이라는 벼슬을 받고, 지신사 황희를 도와 태종을 모셨다. 맹사성은 음악에도 뛰어나 음률을 가르치는 일을 하기도 했다. 세종 때에 드디어 재상이 되어 황희를 도와 서로 의견을 맞추어 가면서 다양한 정치적 업무를 훌륭히 수행했다.

유관

황희, 맹사성보다는 많이 알려져 있지 않으나, 유관은 세종 시대를 대표하는 청렴결백한 정치가였다. 유관은 1346년에 황해도에서 태어나 26세에 과거에 급제하여 벼슬에 올랐으며, 유교 경전 공부를 열심히 한 덕분에 신진 사대부로서 조선 개국에 도움을 준 개국 공신이 되었다. 또한 성리학의 이념을 바탕으로 양반들이 당시 장례 절차의 법도인 3년상을 꼭 지키도록 하는 제도를 통과시켰다. 유교 이념에 입각한 정치를 할 수 있도록 노력한 것이다. 억울한 사람이 생기지 않도록 하기 위해서 형벌과 법 제도를 고치는 일에도 참여했으며, 불교의 폐단을 지적하고 유교를 숭상할 수 있도록 하기 위해 노력했다.

유관은 정승 자리에 올랐을 때에도 초가집에 삼베옷, 짚신으로만 생활하며 가난하고 청렴한 선비의 모습을 잃지 않았다. 유관의 가난하면서도 청렴하고 꼿꼿한 선비의 기상은 많은 사람에게 귀감이 되었고 세종 역시 이런 유관을 깊이 믿어 주었다.

9장
가난한 백성들의 아픔을 감싸다

"올해도 흉년이구먼. 하긴 뭐, 우리 같은 무지렁이 백성들이야 풍년이고 흉년이고 항상 이렇게 살아온 것을."

"그런 말씀 마세요. 그래도 올해는 좀 괜찮을 거라고들 합디다."

"모르는 소리 말아. 우리 같은 백성들한테야 한양에 계신 임금님이 백날 백성을 위한대 봤자 보신각 종소리 같은 거야. 한 번 울리고 퍼지면 그만인 거지."

"형님이야말로 모르는 말씀 마세요. 우리가 임금님을 잘 만나서 이제 세금 내는 법도 바뀐다는데……."

"세금 내는 법이 바뀌면 무얼 하겠나. 어차피 양반들 마음대로일 게 뻔한데."

"아이고 형님, 정말로 뭘 모르시네요. 이번에는 글쎄 임금님이 백성들의 뜻을 직접 물으신답니다."

"예끼, 이 사람. 농담도 잘못하면 죽을 수가 있는 법이야! 어떻게 하늘 같은 임금님께서 이런 촌구석까지……."

"이 형님이 속고만 사셨나. 아 글쎄, 한양에서 관리들이 나와서 직접 물어본다니깐 그래요."

"신 김종서 분부대로 강원도에 다녀왔사옵니다."

"그래, 무슨 일이 있었소?"

"제가 다녀온 강원도 지역에 굶주리고 있는 백성이 700명이 넘사옵니다. 이들이 세금을 좀 줄여 줄 것을 청해 왔사옵니다."

"그래? 다른 대신들은 어찌 생각하시오?"

"신 변계량이 생각하건데 백성들이 이렇듯 흉년이나 가뭄을 핑계로 세금을 줄여 달라는 것을 들어준다면 앞으로 더욱 많은 백성들이 요구할 것이며, 따라서 나라의 살림이 어려워질 것이옵니다. 강원도 일부 백성의 요구이니 너무 귀담아 들을 필요는 없을 줄로 아옵니다."

"그렇군, 변 대감의 말씀도 일리가 있는 지적이오. 하지만 민심은 천심이라 하였소. 어찌 임금 된 자가 백성이 굶어 죽어 간다는 소식을 듣고도 세금이 줄어들까 두려워 모르는 척 지나친다는 말이오? 내가 김종서를 강원도에 보낸 것도 땅이 척박하여 농사가 잘되지 않는 지역이다 보니 굶고 있는 백성이 많을 것이 염려되어 보낸 것인데, 백성들의 이러한 마음을 몰라

준다면 어찌 백성들이 과인을 믿고 따르겠소?"

"전하, 본디 백성이란 자신의 이익만 알고 고마움을 모르옵니다."

변계량이 자신의 뜻을 포기하지 않고 덧붙였다. 가난한 백성들을 구하는 것도 좋지만 나쁜 마음을 먹어 제도를 악용할까 걱정이 되었던 것이다.

"태풍에 쓰러진 벼 이삭을 제 새끼처럼 부여잡고 우는 것이 백성이오! 과인은 백성들의 이런 마음을 알고 있소. 김종서는 강원도에서 굶주리는 백성들의 세금을 줄여 주도록 하시오!"

"신 김종서, 명을 받들겠사옵니다."

조선 시대에는 대부분의 사람들이 농사를 짓고 살았기 때문에 세금도 곡식으로 대신했다. 하지만 농사는 날씨에 따라 수확량의 차이가 있었기 때문에 흉년이 들었을 때 백성들은 세금을 내고 나면 먹을 식량이 부족했다. 게다가 세금을 매기는 관리들이 부정부패를 저지르기도 하여 자주 큰 문제가 되었다.

항상 백성들의 편에서 어려운 백성들의 삶을 편하게 하기 위한 고민을 했던 세종은 단순히 흉년에 세금을 줄여 주는 것에 그치지 않고 가난한 백성들이 세금을 내는 것에 대한 부담을 줄이고 더 풍요롭게 살 수 있는 방법을 고민했다.

'백성들이 세금을 내는 양이 일정치 않으니 중간에서 관리들이 농간을 부려 백성들의 삶을 더욱 궁핍하게 하는구나. 어찌하면 좋을까…… 그렇지! 세금을 내는 기준을 바로 세워 일정한 양만큼만 내게 한다면, 부담이 훨씬 줄어들 것이야.'

세종은 여러 신하를 시켜 공평하게 세금을 걷는 방법을 연구하도록 하였다. 여러 해 동안 토지를 조사하고 연구했으며, 백성들에게 여론 조사까지 실시한 결과, 땅의 질과 한 해의 농사 결과에 따라 세금을 달리 매기는 **새로운 세금 제도**를 만들었다. 땅이 기름진 정도에 따라 여섯 등급으로 나눈 전분 6등법, 풍년이냐 흉년이냐에 따라 아홉 등급으로 나눈 연분 9등법이 그것이다.

"오늘 경연은 세금 제도와 관련한 것으로 할 것이오. 해마다 세금을 내는 양이 관리들에 따라 달라지는 것은 백성들을 위한 것이 아니라 오로지 양반과 관리들을 위한 제도이니, 백성들의 삶이 점점 어려워짐은 당연한 결과요. 그리하여 과인이 새로운 세금 제도를 도입하고자 하니, 경들의 생각은 어떠하오?"

"아뢰옵기 황송하오나 전하, 지금의 제도로도 부족함이 없는데 어찌 고치려 하시옵니까?"

"그렇사옵니다, 전하. 또한 백성들은 본디 배움이 없고 어리석어 셈이 어두운 법인데 제도를 고칠 필요가 없을 줄로 아옵니다."

여러 신하들이 반대했다.

"어찌 나라의 일을 돌본다는 자들이 백성들의 삶을 제대로 알지 못하고

세종 때의 새로운 세금 제도
세종 때는 땅을 비옥한 정도에 따라서 6등급으로 나누고(전분 6등법), 그해의 농사지은 결과, 즉 풍년과 흉년을 기준으로 9등급으로 나누어(연분 9등법) 세금을 걷는 개혁을 시행했다. 그 결과 흉년이 들었을 때는 세금이 줄어드는 효과가 있었다.

있는 것이오? 지금 세금을 걷는 관원들이 너도 나도 은결(세금을 안 내기 위해 숨겨 놓은 땅)을 만들어 불법을 저지르고 뇌물을 받으며 일을 제대로 하지 않아 엉망이 되었음을 모르는 것이오!"

"하오나 전하, 이는 일부 관리들의 문제인 줄로 아옵니다."

"경들이 걱정하는 것은 세금을 고쳐 내었을 때 양반들이 내야 하는 양이 늘어날까 두려운 것 아니오!"

"통촉하여 주시옵소서. 전하."

"양반들이 한 섬을 더 가지고자 할 때, 백성들 이마에 주름이 하나 더 늘어난다는 것을 어찌 모르는 것이오. 백성들이 건강하게 나라를 받쳐 주지 않는다면 어찌 나라가 제대로 돌아갈 수 있겠소!"

세종은 자신들만 생각하는 신하들을 보며 화가 났다. 나라의 근본인 백성들이 행복해야 그 위에 왕도 있고 신하도 있음을 잊은 듯했다. 신하들이 반대하는 모습을 본 세종은 세금 개혁은 반드시 시행해야 할 중요할 문제라고 느꼈다.

"하오나 전하, 이렇듯 세금 걷는 방법을 바꾸시면 백성들 역시 반발이 만만치 않을 것이옵니다. 부디 명을 거두어 주시옵소서."

"그렇다면 백성들의 의견을 직접 물어보면 될 것이 아니오! 내 각 고을의 관리를 시켜 동네를 일일이 다니며 백성 한 사람 한 사람의 의견을 물을 것이오. 그리하여 세금 제도를 바꾸는 것에 찬성한다면, 그때는 경들도 더 이상은 반대하지 마시오. 알겠소?"

이제 신하들도 어찌할 수 없었다.

"명을 받들겠사옵니다. 전하."

세종은 전국적으로 세금법 개정에 대한 찬반 투표를 진행하게 하였고 수만 명의 백성이 이 투표에 참여했다. 관리를 비롯한 양반들은 주로 반대를 하였고, 백성들은 대부분이 찬성했다고 하니, 세종이 백성들을 위한 세금 제도를 만들었다는 것은 투표 결과를 보더라도 알 수 있었다. 백성을 사랑하는 마음이 남다른 세종 덕분에 백성들은 흉년이 들어도 세금 걱정을 줄이며 생활할 수 있었다.

먹을거리와 관련된 백성들의 고민을 해결하고 나자, 또 다른 문제가 세종을 괴롭게 했다.

"아버지, 큰일 났어요. 셋째가, 셋째가……."

"아니 왜 지금 한참 김매느라 정신없는데 뭔 소리야? 또 사고 친 거야? 어디 또 싸돌아다니다가 머리통 갖다 박아 놓고선 그러는 거 아니지? 그냥 된장 한 덩어리 바르라고 해."

"그게 아니에요, 아버지. 셋째가 다 죽게 생겼다고요! 얼른 가셔야 될 것 같아요. 역병(전염병)이래요, 역병."

"뭐? 역병? 아니다, 그럴 리가 없어, 안 된다. 하늘이 이렇게 무심하실 리가 없어. 큰아들에, 막내까지 데려간 역병이 아니냐. 안 된다, 그럴 수는 없는 거야. 얼른 가 봐야겠다!"

"여기예요, 아버지."

"이런, 다 죽게 생겼구나. 이를 어쩐다. 눈을 좀 떠 보거라. 눈을……."

가난한 백성들은 질병에 걸렸을 때 제때 치료를 받거나 약을 구하기가 쉽지 않았다. 병에 대한 지식이 부족해 어떻게 치료해야 할지 모르는 경우도 많았다.

역병이 발생했다는 소식을 들은 세종은 여러 가지 생각이 들었다. 세종은 조선의 임금인 자신이 가난하고 병든 백성을 지키지 못했다는 책임감에 가슴이 무거워졌다. 일단 세종은 전국을 돌며 우리나라에서 구할 수 있는 약재들의 목록을 만들도록 하였다. 이것이 《향약채취월령》이다. 이 책을 통해 사람들이 직접 근처 산이나 들에서 다양한 질병에 맞는 약재를 구해서 쓸 수 있도록 하였다. 하지만 세종은 여기서 멈추지 않았다.

"노중례는 당도하였느냐?"

"예, 주상 전하. 신 노중례 명을 받고자 도착하였사옵니다."

"그래, 내 이렇듯 경을 부른 것은 우리나라와 명나라의 약재들이 어떤 차이가 있고, 무엇이 같은지 비교하고 연구하기 위해서요. 경이 명나라에 좀 다녀와야겠소."

"소신 명을 받들겠사옵니다."

"일전에 내가 **황자후**에게 일러 명나라에서만 나는 귀한 약재를 많이 구입해 두었으니, 명나라에 다녀온 뒤에 이것들을 살펴 쓰임에 따라 잘 분류해 놓아야 할 것이오."

"하옵시면……."

"이 일을 바탕으로 하여 우리 조선의 실정에 맞는 의약 서적을 만들어 각 고을에 나누어 줄 것이오. 백성들이 산과 들에서 쉽게 약재를 구할 수 있다면 얼마나 좋은 일이겠소?"

"분부대로 거행하겠나이다."

세종의 오랜 고민의 결실은 곧 나타났다. 세종의 명을 받은 노중례, 유효통 등이 철저한 자료 조사와 연구를 바탕으로 하여 민간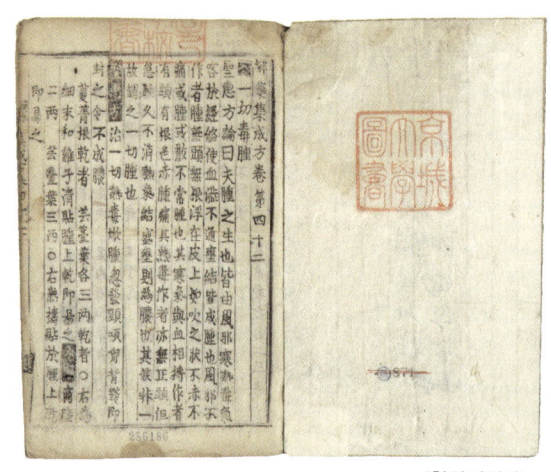

《향약집성방》

의학, 약재, 조선 사람들이 걸리기 쉬운 다양한 질병에 대한 치료법을 모두 포함하는 《향약집성방》을 펴낸 것이다. 이 책을 각 고을마다 나누어 주니, 백성들은 아플 때마다 쉽게 치료법을 알 수 있어 질병의 고통으로부터 벗어날 수 있었다. 이 모든 것은 세종의 백성을 아끼는 마음이 있었기 때문에 가능한 일이었다.

황자후
조선 전기의 문신으로 의약에 정통하여 의료를 맡아보는 관청인 전의감의 제조 벼슬을 지냈다.

세종과 태평성대

많은 사람들이 세종의 시대를 태평성대로 생각하고 있을 것이다. 그러나 세종이 임금이 되고 나서 몇 년 동안, 한 해도 거르지 않고 극심한 가뭄과 흉년이 들었다. 흉년이 들어 먹을 것이 없었던 백성들은 흙을 빚어서 떡을 쪄 먹을 정도였다고 한다. 이러한 소식을 들은 세종은 백성들의 고달픈 삶을 가슴 아파하며 많은 날들을 뜬눈으로 밤을 지새우며 고민했다고 한다.

고민을 거듭한 세종은 여러 가지 방법으로 백성들의 어려움을 해결하기 위해 노력했다. 먼저 세종은 비가 내리기를 하늘에 기도하는 기우제를 지냈다. 재상들을 산과 큰 강에 보내어 제사를 지냈고, 비가 오기를 바라는 마음으로 가벼운 죄를 지은 죄수들을 풀어 주기도 했다. 세종 스스로도 종묘, 북악산, 한강 등에서 비가 오기를 기도하는 제사를 지냈다.

제사와 더불어 세종이 했던 노력이 바로 농사 기술의 개발이었다. 당시 우리나라의 농사 기술은 매우 부족하여 가뭄이 들면 여지없이 흉년으로 이어졌다. 세종은 농사를 잘 지으려면 어떻게 해야 하는지를 연구하고 조사하게 했다. 특히 농사를 잘 짓는 농부들의 이야기를 듣고 이를 바탕으로 책을 펴내게 하였다. 그렇게 나온 책이 바로 정초가 지은 《농사직설》이다. 《농사직설》에는 언제 땅을 가는 것이 좋은지, 씨는 언제 뿌려야 하는지, 날씨에 따라 어떻게 농사지어야 하는지 등 우리 땅과 기후에 알맞은 농사짓는 법이 지역별로 담겨 있었다. 세종은 《농사직설》에 따라 경복궁에서 직접 농사를 지어 보기도 했다. 《농사직설》은 전국에 나누어 주어 백성들이 농사에 직접 활용할 수 있도록 하였다.

세종은 가난한 백성들을 구제하는 것도 게을리하지 않았다. 1430년(세종 12)에는 "어떤 남자가 춥고 굶주려 다 죽게 되었는데도, 아무도 돕는 사람이 없었다 하니, 활인원(의료에 관한 일을 맡아보던 관아)으로 하여금 구제하고 치료하게 하라.

이것으로 보더라도 지방의 여러 고을과 넓은 토지에 살 곳을 잃고 떠돌아다니다가, 굶고 지쳐서 죽게 된 자가 어찌 없겠는가. 서울의 한성부와 지방의 감사와 수령은 굶주려 목숨을 잃는 사람이 없도록 하라."라고 지시했다고 한다. 이처럼 세종은 백성들이 굶주리게 되면 호조나 각 지방 수령들에게 지시하여 창고의 곡식을 나누어 주도록 하였고, 이에 소홀한 수령에게는 벌을 내리기도 했다. 어느 해에는 옥에 있는 홀아비, 과부의 어린 자식들이 굶지 않도록 돌보라고 지시했고, 80세 이상의 가난한 노인들에게 쌀과 콩을 나누어 주어 가난을 벗어나게 하였다.

　세종이 임금으로 있던 시간들은 환경적으로는 결코 태평성대가 아니었다. 그러나 백성을 사랑하는 마음으로 똘똘 뭉친 세종이 온갖 방법을 사용하여 그들이 편안하게 살 수 있도록 노력했기 때문에 지금의 우리들이 그 시대를 태평성대로 기억하고 있는 것이다.

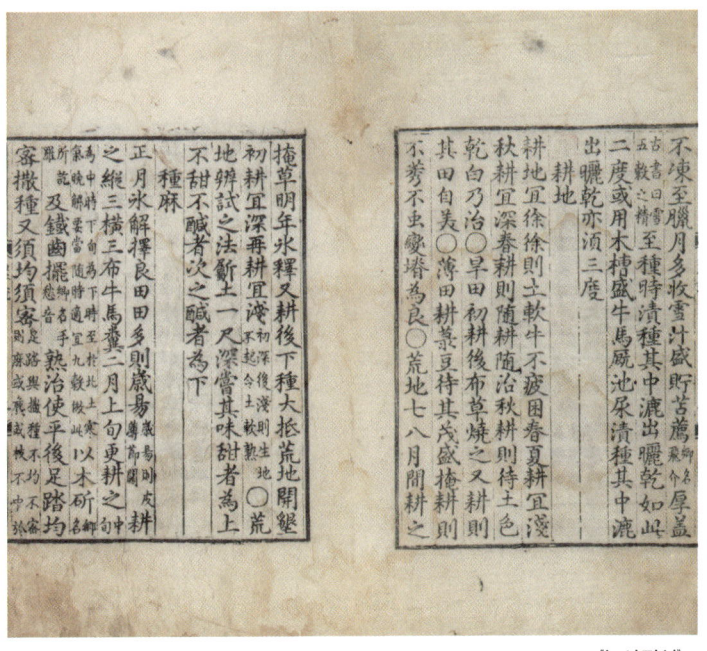

〈농사직설〉

10장
끝까지 책임을 다하다

세종이 왕이 되고 난 후 경복궁 뒤편 북악산의 단풍은 28번이나 들었다 졌다. 그 긴 시간 동안 세종은 조선을 강한 나라로 만들기 위해 고민을 거듭했다. 그 결과, 세종의 건강은 많이 나빠졌다.

그러던 중에 세종의 몸과 마음을 더욱 아프게 만든 또 하나의 사건이 있었다. 그것은 중전 소헌 왕후의 병환이었다.

"전하, 나랏일로 바쁘신 분이 여기까지 어인 행차시옵니까?"

갑작스럽게 **교태전**으로 찾아온 세종을 보며 소헌 왕후 심씨는 힘들게 몸을 일으키며 말했다.

"병이 차도가 좀 있소?"

세종이 다정하게 미소를 지으며 말했다.

"하루는 좋았다가 또 그다음 날은 다시 아프고 그렇사옵니다. 전하께 이렇게 심려를 끼쳐 송구하옵니다."

"그게 무슨 소리요, 중전. 하루빨리 쾌차하여 손주들의 재롱을 보셔야 하지 않겠소?"

세종은 얼굴이 야윈 소헌 왕후를 보니 가슴이 저려 왔다. 하지만 혹시라도 소헌 왕후의 근심이 더해질까 봐 내색하지 않으려 애쓰며 대답했다.

"어의 말로는 잘 먹고 쉬면 쉽게 나을 수 있는 병이라고 하더이다. 조금만 힘을 내시오."

세종은 따뜻한 말로 소헌 왕후를 안심시켰다. 하지만 소헌 왕후는 세종의 얼굴에서 알 수 없는 그늘을 볼 수 있었다.

'전하께서 나에게 말씀하지 못하신 것이 있는 게로구나……'

어전으로 돌아온 세종은 급히 어의를 불렀다. 세종은 조금씩 떨리는 목소리를 애써 감추며 물었다.

"중전의 병환은 좀 어떠한가? 차도가 있어 보이는가?"

"아뢰옵기 황송하오나…… 중전 마마의 체력이 워낙 많이 떨어지셔서……."

"그래서! 그래서 어찌 되었다는 말이냐? 어서 말해 보거라!"

소헌 왕후의 병세가 나빠졌다는 어의의 말에 세종이 다급하게 대답을

교태전
경복궁에 있는 왕비가 머무는 침전.

재촉했다. 그런 세종 앞에 납작 엎드린 어의는 식은땀을 흘리며 힘겹게 말을 이었다.

"최선을 다하고 있습니다만…… 결과를 장담할 수 없겠사옵니다. 전하, 소인을 죽여 주시옵소서."

어의의 비관적인 말을 들은 세종은 눈앞이 깜깜해지는 것 같았다. 소헌 왕후가 누구인가. 세종이 충녕 대군이었던 12세 때부터 지금까지 한결같은 태도로 세종을 옆에서 도운 현모양처가 아닌가. 어머니 원경 왕후가 돌아가신 후 깊은 슬픔에 잠겼을 때도, 큰딸 정소 공주가 갑작스런 병에 걸려 먼저 세상을 떠났을 때도 늘 옆에서 세종에게 힘이 되어 주었던 소헌 왕후였다. 아픈 소헌 왕후를 위해 지푸라기라도 잡고 싶은 심정이었던 세종은 수단과 방법을 가리지 않고 병을 낫게 하려고 노력하였다.

'절에서 기도를 드려 불치의 병에서 벗어났다는 옛 기록이 있으니 한번 시도해 볼 만하다.'

세종은 곧바로 평소에 불교에 관심이 많던 아들, 수양 대군을 불렀다.

"그래, 네가 잘 아는 절이 있다고 들었는데 그게 정말이냐?"

"예, 전하. 제가 자주 가서 치성을 드리던 절이 가까운 곳에 있사옵니다."

세종의 둘째 아들인 수양 대군이 대답했다.

"참으로 듣던 중 반가운 소리이다. 중전의 병이 차도가 없이 나날이 심해져만 가니 네가 가서 불공을 올리면 어떻겠느냐?"

"그러겠사옵니다, 전하. 자식 된 자가 어머니를 위해서 못 할 일이 무엇이 있겠사옵니까? 당장 채비를 하여 절에 다녀오겠습니다. 너무 심려치 마시옵소서."

그날로 수양 대군은 사람을 모아 평소 자주 가던 속리산의 복천사라는 절로 떠나 소헌 왕후를 위해 불공을 드리기 시작했다.

이런 노력에도 불구하고 소헌 왕후의 병세는 나날이 악화되었다. 결국 1446년 3월, 소헌 왕후는 52세의 나이로 수양 대군의 집에서 숨을 거두고 말았다.

부인을 늘 사랑으로 보살펴 왔던 세종은 소헌 왕후의 죽음을 쉽게 받아들일 수 없었다. 그러나 언제까지나 슬픔에 잠겨 있을 수만은 없었다. 조선은 세종을 필요로 했다.

백성을 위해 새롭게 시작한 세금 개혁을 감독하는 일도, 북방에 있는 오랑캐의 침략을 막아 내기 위한 방법을 고민하는 일도, 반포된 훈민정음이 어떻게 사용되는지 알아보는 일도 모두 세종의 몫이었다.

이런 일을 빠짐없이 돌보느라 세종의 건강은 점점 나빠져 갔다. 세종은 자신의 건강을 생각하며 고뇌에 빠졌다.

'이미 내 병은 매우 심해졌다. 눈은 병에 걸려 앞이 잘 보이지 않으며, 원래부터 아팠던 오른쪽 다리뿐만 아니라 요즘은 왼쪽 다리마저도 편치 않아 부축하는 사람이 없으면 스스로 일어날 수조차 없다. 하지만 내가 가장 두려운 것은 이대로 내가 주저앉아 그동안의 고생이 물거품이 되는 것이다.'

세종은 쉬지 않았다. 아니, 쉴 수 없었다. 모든 사람이 행복하고 부강한 조선을 만들고 싶었던 그 꿈을 이루기엔 여전히 시간이 부족했다. 세종은 묵묵히 가장 높은 곳에서 백성의 아픔을 어루만져 주었다. 세종의 마음은 조선의 왕으로서 임무를 다하려는 책임감이었다.

"전하, 밤이 깊었사옵니다. 이제 좀 쉬시는 것이 어떻겠사옵니까?"

깊은 밤, 세종에게 상소를 읽어 주던 도승지 안숭선은 세종의 낯빛을 살피며 조심스레 이야기했다.

"이 상소문까지만 마저 처리하고 쉴 것이니 물러가시오."

세종이 가쁜 숨을 몰아쉬며 대답하였다.

"전하. 전하께오서는 이 나라의 태양이시옵니다. 부디 옥체를 보존하시어 만백성을 오래도록 비추어 주시기를 간청드리옵니다."

안숭선이 다시 한번 간곡하게 말씀을 올렸다. 그만큼 세종의 안색은 좋지 않았다.

"내가 알아서 한다고 하지 않았소? 내가 이것들을 처리하지 않으면 누가 나를 대신한단 말이오? 물러가시오."

안숭선은 힘들게 이야기하는 세종의 어깨에서 무거운 짐을 보았다. 그것은 책임감이라는 이름의 짐이었다.

세종의 병세는 나날이 심해졌다. 그런데도 나랏일을 멈추지 않았다.

1450년(세종 32) 어느 날, 명나라에서 중요한 사신이 조선을 방문했다. 그동안 사신을 직접 대접하였던 세종은 이번만큼은 그럴 수 없었다. 그의 건강 때문이었다.

'내가 몸이 이렇게 편치 않으니 명나라에서 우리 조선을 업신여길 수 있을 것이다. 본디 세자가 나를 대신하여 사신을 모시는 것이 마땅하나 세자 또한 병치레 중이니 하는 수 없이 수양 대군에게 이 일을 맡겨야겠다.'

명나라 사신과의 연회가 경복궁의 아름다운 누각인 경회루에서 벌어졌다. 그 자리에는 세종도, 세자도 참석하지 않았다. 명나라 사신은 그 이유가 궁금했으나 그 답은 오래가지 않아 밝혀졌다.

"세자 저하, 전하께서…… 전하께서 저하를 찾으시옵니다."

아버지를 대신해 간략한 상소문을 처리하고 있던 세자(문종)는 급하게 달려온 내관의 표정을 보고 정신이 아찔했다. 결국 걱정했던 그날이 온 것이다.

"아바마마께서는 어디 계시냐? 내 급히 가 봐야겠다."

"예, 저하. 전하께서는 영응 대군의 집에 계시옵니다."

"얼른 채비를 서둘러라. 한시가 급하니 지체하면 안 될 것이다."

세자는 뛰는 가슴을 간신히 억누르고 아버지를 뵈러 달려갔다. 세자의 체통이 있었지만 지금 이 순간만큼은 그걸 따질 수 없었다. 한시라도 빨리 아버지를 봐야 했다.

"전하, 세자 저하께서 오셨사옵니다."

내관이 떨리는 목소리로 세종이 누워 있는 방문 앞에서 세자의 당도를 알렸.

"들라…… 어서 들라 하라."

세종이 힘없는 목소리로 대답했다.

"아바마마, 소자 향이 왔사옵니다."

세자가 울며 큰 소리로 아버지 세종에게 인사를 올렸다.

"그래, 세자는 어찌 이리도 아비를 기다리게 하였느냐?"

세종은 힘이 없는 목소리로 아들을 반기며 말하였다.

"죄송하옵니다, 전하."

세자는 다시 한번 고개를 숙이며 용서를 구했다.

"내가 남은 시간이 얼마 없느니라. 지금부터 내가 하는 이야기를 잘 들을 거라. 나는 근 30년간 임금의 자리에 있으며 하루하루를 백성을 위해 살아왔다. 이제는 그 무거운 책임이 다해 가는 듯하여 마음이 후련하구나."

"그게 무슨 말씀이시옵니까? 늘 그러하셨듯이 쾌차하셔서 다시 일어나셔야 하옵니다."

세자는 눈물을 흘리며 대답했다.

"아니다. 내 몸은 누구보다 내가 잘 안다. 그동안 내가 건강을 돌보지 않아 이 지경이 되었구나. 하지만 나는 후회하지 않는다. 참으로 하루하루가 보람 있는 시간이었어."

세종은 지난날을 회상하듯 눈을 지그시 감으며 이야기를 이어 나갔다.

"너는 이 아비의 노력을 헛되게 하지 말거라. 부디 모든 백성들이 행복하게 살 수 있는 나라를 만들기를 바란다."

언제나 부모님의 효심 깊은 아들로, 형제 간의 우애를 누구보다 중요하게 생각했던 동생으로, 신하들의 허물을 덮어 주고 능력으로만 평가했던 지혜로운 임금으로, 가난한 백성들을 한없이 가엾게 여기는 자애로운 어버이로 살았던 세종은 빛나는 업적을 뒤로하고 1450년(세종 32) 2월 17일 눈을 감았다.

그저 책만 읽을 줄 알았던, 할 수 있는 일도 없었던 왕의 셋째 아들로 태어난 이도. 그러나 그는 그 자리에서 묵묵히 자신의 소임을 다해 나간 덕분에 불가능해 보였던 왕의 자리에 오를 수 있었고, 그동안의 풍부한 독서량을 바탕으로 새로이 건국된 나라 조선의 정치, 사회, 문화를 풍성하게 가꾸어 나갔다.

뿌리 깊은 나무는 바람에 흔들리지 않는다.

자신이 직접 지은 《용비어천가》의 이 구절처럼 세종은 바람에도 흔들리지 않는 부강한 국가를 위해 뿌리를 튼튼하게 가꾸는 일에 매진했다. 그리고 조선은 세종이 그렇게 원했듯 큰 바람에도 흔들리지 않고 모든 사람이 행복해질 수 있도록 예쁜 꽃과 많은 열매를 맺었다. 모두 세종의 책임감과 노력의 결과였다.

역사 한 고개

세종과 불교

조선 시대는 숭유억불(유교를 숭상하고 불교를 억압한다)이 국가의 정책으로 시행되었다. 그러나 불교는 우리 조상들이 오랫동안 믿어 온 종교로, 불교를 믿는 많은 왕들이 있었다. 세종도 그런 왕 중의 하나였다.

세종이 불교를 믿게 된 계기는 분명하지 않다. 하지만 그의 할아버지 태조 이성계는 불교 경전인 《법화경》을 궁중에서 강의하게 했으며, 불교를 탄압했다고 전해지는 아버지 태종 역시 다양한 불교 관련 행사를 진행했다. 또한 세종의 둘째 형인 효령 대군과 세종의 두 아들인 수양 대군과 안평 대군이 불교를 깊이 믿었던 것을 미루어 보아 세종 자신도 불교에 긍정적인 생각을 갖고 있었던 것이 분명하다.

《석보상절》

세종의 불교와 관련된 기록으로는 1419년(세종 1) 명나라 사신 황엄을 문소전(태조의 비 신의 왕후 한씨를 모신 사당) 내불당(법당)으로 초대한 일이 있다. 그 후 세종의 부인인 소헌 왕후 심씨가 세상을 떠나자 세종은 그녀의 혼을 위로하기 위해 수양 대군을 시켜 석가모니의 일대기를 담은 《석보상절》을 짓게 하였고, 세종은 석가의 공덕을 칭송하는 노래인 《월인천강지곡》을 지었다. 《석보상절》과 《월인천강지곡》을 합하여 만든 책이 《월인석보》이다.

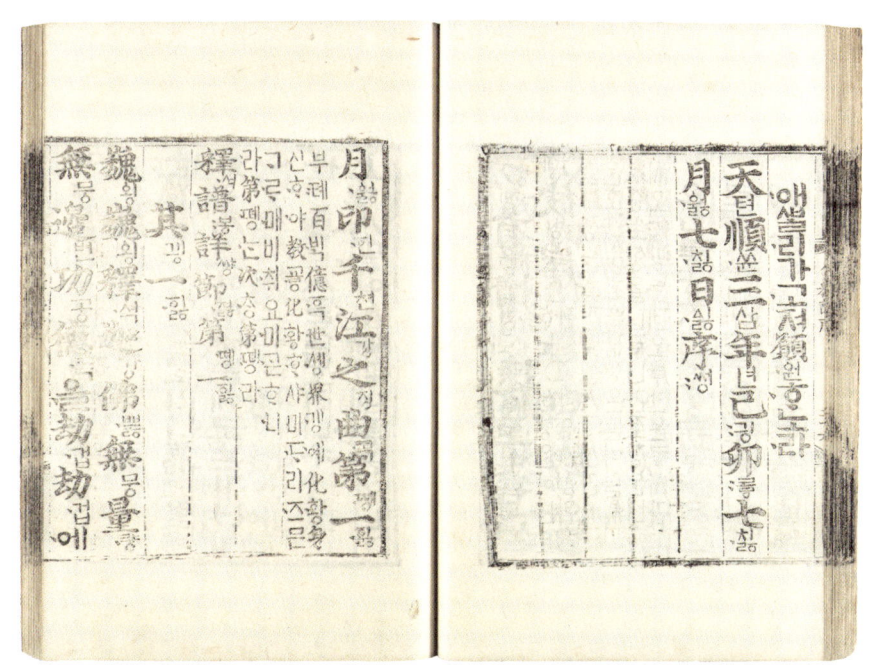

《월인석보》 중 《월인천강지곡》 부분

이에 그치지 않고 세종은 경복궁 서쪽에 새로 내불당을 짓도록 하였다. 이 과정에서 철저하게 숭유억불 정책을 고수하던 신하들과의 극심한 대립이 벌어졌다. 신하들의 논리는 철저하게 유교의 원리로 지어진 경복궁 안에 그들이 미신으로 여기는 불교와 관련된 건물을 어찌 짓겠느냐 하는 것이었다. 하지만 세종은 그 뜻을 굽히지 않고 결국 내불당을 건설하기에 이른다.

● 세종 대왕에게 묻다
오늘날의 우리들이
알고 싶은 이야기

Q 세종 대왕님께서는 어린 시절에 어떤 어린이였나요?

세종 : 과인은 훌륭한 성군이셨던 태종 대왕님의 셋째 아들로 태어났다. 아버지께서 나를 아끼시는 마음이 크셨던지 아명(어린 시절에 쓰는 이름)도 막동이라는 예쁜 이름을 지어 주셨지. 내가 세자의 자리에 오르기 전까지는 아버지께서 내가 하고 싶은 일을 마음껏 할 수 있도록 해 주셨기에, 그 기회를 활용해서 다양한 책을 많이 읽었다. 과인은 밥을 먹으면서도 책을 놓지 않을 정도로 정말 많은 책을 읽었느니라.

Q 우아! 사실 저는 책을 읽거나 공부하는 것을 별로 좋아하지 않아요. 어떻게 하면 대왕님처럼 책을 많이 읽고 공부를 잘할 수 있을까요?

세종 : 책을 읽고 공부를 하는 방법이라…… 과인은 책을 많이 읽기도 하였지만, 같은 책을 여러 번 읽으면서 책의 내용을 정확히 이해하려고 노력하였다. 특히나 같은 책을 여러 번 읽게 되면 책을 쓴 사람의 생각을 좀 더 깊이 이해할 수 있게 된다. 과인처럼 밥을 먹을 때나, 잠잘 시간에도 시간을 내어 틈틈이 다양한 책을 읽고, 주위에서 벌어지는 작고 사소한 일에도 관심을 기울여 나간다면, 독서와 공부가 마냥 지루하지만은 않은, 재미있는 일이 될 것이야.

Q 저는 엄마가 키가 크려면 반찬을 골고루 먹어야 한다고 잔소리를 하셔서 힘들어요. 저는 채소보다는 고기가 좋거든요. 대왕님께서는 어떤 음식을 즐겨 드셨나요?

세종 : 음식과 관련된 이야기라면 사실 과인에게도 부끄러운 부분이 있다. 과인은 고기를 즐겨 먹었느니라. 그리고 운동을 많이 하지 않고 책을 주로 읽다 보니 몸이 약해져 다양한 병에 걸려 고생을 많이 하였다. 편식을 하게 되면 여러 질병에 걸릴 위험이 많으니 고기뿐 아니라 채소도 함께 골고루 먹어야 한다.

Q 장영실은 노비인데 벼슬을 주셨잖아요? 그리고 이런저런 일도 시키시고요. 조선 시대는 신분 제도가 엄격하다고 들었는데 어떻게 그런 생각을 하게 되셨나요?

세종 : 비록 노비라고 해도 하늘이 내린 백성이니, 내 어찌 귀하게 여기지 않을 수 있겠느냐? 비록 영실이가 천한 신분이기는 하나, 어린 시절부

터 손재주가 좋아 아버지 태종 대왕 때부터 이런저런 일을 맡아 하였고, 그에 따라 기술적인 일을 맡겨 본 즉, 그보다 뛰어난 자가 없었다. 그리하여 내가 영실이에게 벼슬을 내리게 된 것이다. 자격루를 한번 보거라. 이는 중국이나 회교 국가(이슬람 국가) 정도만 만들 수 있는 기술이었다. 그런 것을 영실이가 해냈으니 어찌 대단한 일이 아니라 할 수 있겠느냐.

Q 얼마 전에 TV 다큐멘터리에서 자격루의 원리를 보았는데, 마치 골드버그 장치 같더라고요. 정말 신기했어요. 근데 그것보다 더 신기한 건 한글이에요. 어쩌면 이렇게 아름답고 배우기 쉬운 문자를 만드셨어요?

세종 : 오직 백성을 위한 마음이었다. 백성들이 글을 모르는 까닭은 무엇이겠느냐? 이는 우리의 글자가 없어 중국의 것을 빌려 썼기 때문에, 백성들이 문자를 써서 소통하기가 너무 어렵기 때문이었다. 백성들이 쉽게 배우고 익힐 수 있는 문자를 만든다면, 책도 더 많이 읽을 수 있고, 공부도 하기 좋을 것이다. 어디 그뿐이겠느냐? 편지를 써서 소식도 전하고, 자식들에게 공부도 가르칠 수 있을 것이 아니겠느냐? 우리말을 우리글로 표현하니 소리와 뜻이 달라질 일도 없고 말이다. 이런 까닭에서 훈민정음을 만들게 된 것이다. 오직 백성을 위한 마음에서 만든 문자라고 할 수 있느니라.

또한 이 문자는 우리의 몸을 본떠 만든 것이다. 자음을 만들 때는 발음을 할 때 목구멍, 혓바닥이 변하는 모습을 연구하여 만들었고, 모음을 만들 때는 하늘, 땅, 그리고 사람의 모습을 보고 만들었으니, 인간의 모습과 우주 만물이 모두 드러나 있는 아주 체계적인 글자를 만든 것이다.

Q 대왕님 말씀을 들어 보면, 중국과는 다르게 조선만의 무엇을 만들어 내려고 계속 노력하셨다는 느낌이 들어요. 그렇다면, 대왕님께서 만들고 싶으셨던 나라는 어떤 나라였나요?

세종 : 아주 좋은 질문이야. 내가 생각한 조선이라는 나라는 백성을 하늘처럼 생각하고 백성의 삶을 편안하게 해 줄 수 있는 나라였다. 그리하여 백성들을 위해 약재를 소개한 책도 만들고, 농사를 잘 지을 수 있는 책도 만들고, 훈민정음도 만들게 된 것이었지.

또한 중국과 조선은 풍토, 기후, 시간 등 많은 것이 다른데 제도와 기술은 중국 것을 본받아야만 하니, 맞지 않는 것이 많아 불편함을 겪었다. 조선이 발전하기 위해서는 조선에 맞는 기술, 제도가 필요했던 것이지. 그래서 조선만이 가질 수 있는 기술, 제도를 원했고 그렇게 만들어 왔던 것이다.

Q 마지막으로 이 시대를 살아가는 백성들에게 한 말씀 해 주신다면요?

세종 : 허허, 쉽지 않은 질문이구나. 과인은 노비도, 양반도 모두 하늘이 내린 백성이라고 생각하여 차별하거나 소외하지 않고 모두 동등하게 대하려 노력하였다. 또한 과인의 욕심보다는 백성 전체의 행복을 위해 공부하고 연구하였으며, 개발하고 창조하였던 것이다. 지금을 살아가는 백성들에게도 똑같은 이야기를 할 수 있을 것 같구나. 사람은 누구나 하늘에서 내린 귀한 존재이므로 서로 돕고 다투지 않아야 하며, 화목하게 잘 지내야 한다. 또한, 과인과 같이 백성을 다스리는 사람들은 개인의 욕심보다는 전체의 행복을 위해 필요한 것이 무엇인지 고민하고 실천해야 할 것이다.

세종 대왕이 걸어온 길

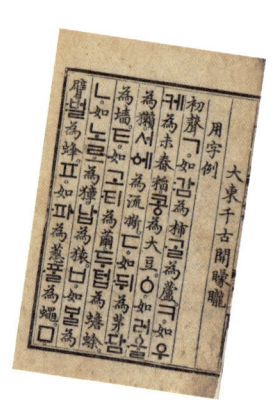

- 1392년   조선 건국.
- 1397년   4월 10일 태종 이방원의 3남으로 태어남.
- 1408년   충녕군에 봉해짐.
- 1418년   세자에 책봉됨. 조선 4대 임금이 됨.
- 1419년   이종무에게 쓰시마 섬(대마도)을 정벌하게 함.

1410   1420   1430

- 1420년   집현전을 정비함. 경자자를 만듦.
- 1422년   태종이 세상을 떠남.
- 1427년   박연이 편경을 제작함.
- 1429년   《농사직설》이 편찬됨.
- 1421년   명, 베이징 천도.
- 1429년   잔 다르크 영국군 격파.

- 1432년　《삼강행실도》를 펴냄.
- 1433년　최윤덕이 여진족을 토벌함.
　　　　《향약집성방》을 펴냄.
　　　　장영실, 정초 등이 간의와 혼천의를 만듦.
- 1434년　김종서가 6진 개척 시작함.
　　　　갑인자를 만듦.
　　　　장영실이 자격루를 만듦.
　　　　장영실이 앙부일구를 만듦.

- 1450년　세종이 세상을 떠남.
- 1450년　구텐베르크 활판 인쇄술 시작.

1440　　　　　1450

- 1441년　측우기를 발명하고 한강에 수표를 세움.
- 1443년　훈민정음을 창제함.
- 1444년　전분 6등법과 연분 9등법을 실시함.
- 1446년　소헌 왕후 심씨가 세상을 떠남.
　　　　훈민정음을 반포함.